MICHEL CYMES & CHEF DAMIEN

Avec les conseils d'Aurélie Guerri, diététicienne-nutritionniste

MANGEZ *bon,* MANGEZ *bien*

POUR UNE ALIMENTATION SAINE ET GOURMANDE

W. BOOKS WITH PASSION

UNE BONNE ALIMENTATION EST LA PREMIÈRE ÉTAPE D'UNE BONNE SANTÉ.
ELLE EST LA BASE, LA CLÉ DE VOTRE BIEN-ÊTRE.
MAIS UNE BONNE ALIMENTATION NE VEUT PAS DIRE RÉGIME.

Pas question de malmener son organisme avec régimes restrictifs ou autres injonctions, au contraire, il faut reprendre son corps en main en lui faisant du bien !
Je suis moi-même un gourmand, un épicurien. J'aime, profiter d'un bon repas de famille ou d'un apéritif entre amis, mais je sais que tout repose sur la modération et l'équilibre.

rien n'est interdit.

À travers notre alimentation, nous pouvons renforcer notre système immunitaire, lutter contre les virus et infections, contre les maladies cardio-vasculaires et le diabète, nous pouvons décider d'être en forme, de réduire fatigue et stress...

Avec Chef Damien, nous voulons vous donner des clés simples et accessibles pour reprendre le contrôle de votre assiette, pour prendre vraiment soin de vous.
Nous savons, en tant que médecin et en tant que cuisinier, que nous sommes ce que nous mangeons et que chacun peut retrouver la forme en mangeant mieux.
Pas de chichis, pas de restrictions. Quand on connaît les règles de base — plus de produits frais, moins de sucre et de produits transformés... — , le plaisir de cuisiner, de partager et de manger est le meilleur des guides.

Michel Cymes

Lorsque j'ai créé 750g avec mon frère en 2004, nous avions à cœur de :

RENDRE LA CUISINE ACCESSIBLE
AU PLUS GRAND NOMBRE,
D'INCITER LES GENS À CUISINER DANS LEUR QUOTIDIEN.

C'est aujourd'hui toujours le crédo que je défends, et que je soutiens à travers ce livre : cuisinez, réappropriez-vous votre alimentation, évitez les plats préparés et mangez de bonnes choses…

…pour vous faire du bien !

Dans ce livre, vous trouverez des recettes simples, de saison, gourmandes et équilibrées. Des recettes (simplement équilibrées) "AVEC" de bons produits plutôt que "SANS" sucre, gras… car j'interdis les interdits !

IL Y EN A POUR TOUS LES GOÛTS,
ET SURTOUT POUR RETROUVER LE PLAISIR
DE MANGER SAINEMENT !

Damien Duquesne,
DIT CHEF DAMIEN

BOROMEO
Olive Oil

GUIDE DE LA BONNE *alimentation*

RECETTES *de saisons*

Quiz

1- UNE ASSIETTE ÉQUILIBRÉE DOIT ÊTRE COMPOSÉE DE :

a) $1/4$ de légumes, $1/4$ de féculents et $1/2$ de protéines

b) $1/2$ de légumes, $1/4$ de féculents et $1/4$ de protéines

c) $1/4$ de légumes, $1/2$ de féculents et $1/4$ de protéines

(réponse page 17)

2- QUEL EST L'INDEX GLYCÉMIQUE DU MUESLI SANS SUCRE :

a) IG bas

b) IG modéré

c) IG élevé

(réponse page 20)

3- COMBIEN DE BACTÉRIES PEUPLENT NOS INTESTINS ?

a) deux cent millions

b) trois milliards

c) cent mille milliards

(réponse page 22)

4- NOTRE CERVEAU CONSOMME :

a) 20 % de notre apport énergétique quotidien

b) 30 % de notre apport énergétique quotidien

c) 50 % de notre apport énergétique quotidien

(réponse page 24)

5- PARMI CES TROIS ALIMENTS, LEQUEL EST LE PLUS RICHE EN FIBRES ?

a) la brioche

b) les amandes

c) le riz complet

(réponse page 31)

6- L'AGENCE NATIONALE DE SÉCURITÉ SANITAIRE RECOMMANDE DE CONSOMMER DANS LE CADRE D'UNE ALIMENTATION CARNÉE :

a) 1 kg de viande au maximum par semaine

b) 0,5 kg de viande au maximum par semaine

c) 0,2 kg de viande au maximum par semaine

(réponse page 33)

7- EN FRANCE, ON CONSOMME QUOTIDIENNEMENT :

a) 50 g de sucre (10 morceaux)

b) 100 g de sucre (20 morceaux)

c) 150 g de sucre (30 morceaux)

(réponse page 38)

8- NOUS DEVONS BOIRE CHAQUE JOUR :

a) 4 verres d'eau

b) 6 verres d'eau

c) 8 verres d'eau

(réponse page 40)

9- DANS UNE ALIMENTATION ÉQUILIBRÉE, LES GRAISSES DOIVENT REPRÉSENTER :

a) 10 % de l'apport total quotidien

b) 20 % de l'apport total quotidien

c) 35 % de l'apport total quotidien

(réponse page 44)

10- COMMENT CALCULE-T-ON SON IMC ?

a) Âge + poids / Taille

b) Tour de taille x 2 / Poids en g

c) Poids (en kg) / Taille (en m)2

(réponse page 52)

GUIDE DE LA BONNE *alimentation*

1 LES GRANDS PRINCIPES D'UNE *bonne alimentation*

Les aliments que nous mangeons influent sur notre santé, notre humeur et notre corps. Nous savons aujourd'hui à quel point il est important de bien se nourrir et les conséquences néfastes qu'une mauvaise alimentation peut avoir sur notre vie.

L'alimentation idéale est une alimentation qui respecte le rythme de notre corps, augmente notre énergie et booste la santé de notre organisme.

Je vais vous aider à faire le bon tri parmi toutes les centaines d'informations communiquées sur la nutrition, afin de concilier santé, bien-être et plaisir !

LES PRINCIPES À ADOPTER *au quotidien* POUR ÊTRE EN BONNE SANTÉ

RÉDUIRE LES PRODUITS TRANSFORMÉS

Misez sur la qualité et non sur la quantité. Privilégiez une alimentation non transformée. On bannit les listes trop longues et on préfère celles composées d'ingrédients naturels, des ingrédients que vous pourriez avoir dans votre cuisine. Les aliments ultra-transformés sont susceptibles d'augmenter le risque de surpoids et de maladies chroniques, telles que le diabète et les maladies cardio-vasculaires. Ils concernent principalement les aliments à haute teneur en graisses, en sucre ajouté et en sel tels que les plats préparés, soupes instantanées, desserts lactés, céréales du petit déjeuner, biscuits, gâteaux, barres énergétiques, chips, biscuits apéritifs, boissons au lait, sodas...

Ne vous laissez pas influencer par le packaging et les informations marketing souvent faussées : gardez le contrôle de vos achats alimentaires.

FAVORISER LA CUISINE MAISON ET CONSOMMER DES ALIMENTS DE SAISON PRODUITS LOCALEMENT

En choisissant de cuisiner maison à base de produits bruts, complets, de saison, bio de préférence, on bénéficie d'une alimentation riche en nutriments protecteurs et pauvre en substances toxiques. La cuisine maison favorise aussi le partage des repas en famille ou entre amis !

AUGMENTER
LES LÉGUMES SECS
ET RÉDUIRE LA VIANDE ET LA CHARCUTERIE

Les sources de protéines doivent être variées, et pas uniquement d'origine animale. Les légumes secs ou légumineuses (lentilles, pois chiches, haricots rouges, fèves, pois cassés, soja...) apportent des fibres, des protéines végétales, des minéraux, des vitamines et surtout, contrairement à la viande, ils ne contiennent pas d'acides gras saturés ni de cholestérol, des éléments connus pour leur impact négatif sur la santé cardio-vasculaire si consommés en excès. Il est donc intéressant d'intégrer des légumes secs dans son alimentation, au moins deux fois par semaine. Il ne s'agit pas de supprimer totalement la viande chez les personnes qui en mangent mais de la limiter à 500 g par semaine.

Bonnes pour la santé, pour la planète ... et pour votre porte-monnaie ! A quantité égale, les lentilles sont quatre fois moins chères qu'un steak haché !

Pourquoi MANGER MOINS DE VIANDE ?

Les études montrent qu'une trop grande consommation de viande et de charcuterie contribue à un risque plus élevé de maladies cardio-vasculaires, de diabète et de certains cancers, tandis que la consommation de légumineuses permet de prévenir ces maladies, en plus du surpoids et de l'obésité.

CONSOMMER
DES BONS GLUCIDES
ET DES ALIMENTS RICHES EN FIBRES

Les bons glucides, appelés aussi « sucres », sont représentés par les glucides à index glycémique bas ou modéré. Il s'agit principalement des fruits et des légumes, des céréales complètes ou semi-complètes (boulgour, épeautre, riz sauvage, pâtes au blé complet, quinoa...) et des légumes secs (pois, haricots, lentilles, fèves, soja).

De plus, ces aliments apportent naturellement des fibres, éléments que nous avons tendance à consommer en trop faible quantité. Elles ont pourtant de grands bénéfices pour la santé : les fibres régulent la glycémie, le cholestérol, le transit intestinal et augmentent le sentiment de satiété.

CHOISIR
LES BONNES GRAISSES

Pour une bonne santé cardio-vasculaire, les aliments riches en acides gras insaturés, les fameux oméga 3, 6 et 9, sont à privilégier aux aliments contenant trop d'acides gras saturés (*beurre, fromage, charcuterie*), et « trans » (*contenus dans les produits industriels qui ont subi un traitement d'hydrogénation*).

Les oméga 3 et 6 sont appelés acides gras essentiels, le corps ne peut pas les fabriquer lui-même, ils doivent donc être obligatoirement apportés par l'alimentation, tout en veillant à un certain équilibre oméga 6 et oméga 3 pour que notre corps fonctionne de manière optimale.

Les huiles végétales

- HUILE DE COLZA
- DE NOIX
- D'OLIVE
- DE LIN
- DE CAMÉLINE
- DE CHANVRE...

CHOISISSEZ DES HUILES DE QUALITÉ AVEC LA DÉNOMINATION « VIERGE DE PREMIÈRE PRESSION À FROID ».

Les sources LES PLUS INTÉRESSANTES DE BONNES GRAISSES :

Les poissons gras

- SAUMON
- SARDINE
- ANCHOIS
- MAQUEREAU...

Les fruits et graines oléagineux

- NOIX
- NOISETTES
- AMANDES
- NOIX DE CAJOU
- GRAINES DE LIN
- GRAINES DE SÉSAME
- GRAINES DE TOURNESOL...

L'avocat

Et dans l'assiette ÇA DONNE QUOI ?

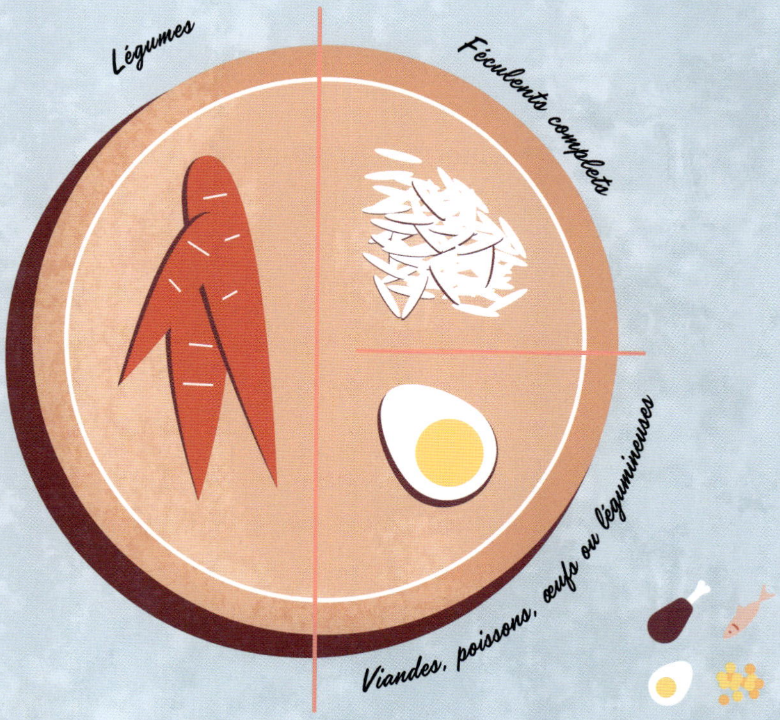

Pour maintenir un mode de vie sain et un poids de forme stable, j'ajouterai qu'intégrer une activité physique régulière est indispensable. Une alimentation saine et équilibrée associée à une pratique sportive adaptée est un des meilleurs atouts pour rester en bonne santé !

À INTÉGRER AU REPAS OU AU COURS DE LA JOURNÉE

Laitage et substituts | **Fruits et oléagineux** | **Eau** | **Matières grasses (huiles)**

LES EFFETS D'UNE BONNE *alimentation* SUR LE CORPS

Les effets d'une bonne alimentation commencent dès la vie fœtale avec le besoin de nutriments essentiels tels que la vitamine B9, D, le fer, l'iode qui sont indispensables au bon développement physique et cognitif du bébé ; ils se poursuivent durant l'enfance et l'adolescence, périodes durant lesquelles l'alimentation joue un rôle clé pour couvrir les besoins dûs à la croissance. Ils deviennent indispensables pour assurer une bonne santé aux différents âges adultes et selon certaines périodes de la vie (grossesse, allaitement, vieillesse).

Bien manger détermine qui nous sommes, nous maintient en bonne santé physique et assure notre bien-être.

L'INDEX GLYCÉMIQUE ET SON EFFET SUR LE POIDS

La notion d'index glycémique (IG) est assez nouvelle, il y a plusieurs années on distinguait uniquement d'un côté les sucres (glucides) rapides ou simples (aliments au goût sucré tels que le miel, les fruits, le sucre blanc...), et d'un autre côté les sucres lents ou complexes (aliments riches en amidon tels que les pâtes, le riz, les lentilles, les pommes de terre...). Mais diverses recherches ont remis en cause cette classification trop simplifiée. On privilégie aujourd'hui la notion d'index glycémique. Plus un aliment a un index glycémique élevé (c'est le cas des aliments riches en sucres raffinés et pauvres en fibres), plus le pic d'insuline, hormone qui régule la glycémie, va être important. Cette réaction immédiate de l'organisme favorise le stockage des graisses, la faim, et donc la prise de poids.

À long terme, la consommation fréquente d'aliments à IG élevé a des conséquences néfastes sur l'organisme : fatigue chronique, irritabilité, troubles de la concentration, surpoid, risque de diabète...

Mais il est important de savoir que l'index glycémique varie aussi selon d'autres critères :

- **La présence de fibres, de protéines et/ou de lipides** permet de ralentir la vitesse d'absorption des glucides, et donc de diminuer l'index glycémique.
- **Le mode de cuisson** : des pâtes trop cuites ou déjà précuites créent un effet de gélatinisation de l'amidon qui augmente l'index glycémique. Préférez alors des pâtes al dente.
- **Le degré de mûrissement** : plus un aliment est mûr, plus son index glycémique est élevé.

PRIVILÉGIEZ AU QUOTIDIEN DES ALIMENTS À IG BAS OU MODÉRÉ

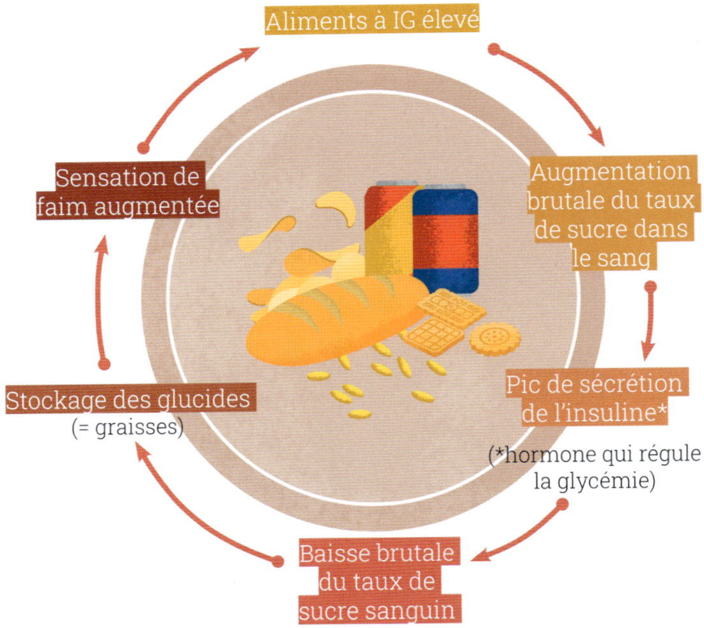

IG BAS	IG MODÉRÉ	IG ÉLEVÉ
quinoa, riz sauvage, lentilles, pois chiches, flageolets, légumes verts, carottes crues, aubergines, pommes, poires, oranges, chocolat noir, pâtes intégrales al dente, laitages, noix, noisettes , amandes...	patates douces, pâtes complètes, flocons d'avoine, riz basmati, riz complet, pain de seigle complet, muesli sans sucre, jus de fruits frais sans sucre...	pommes de terre au four, en purée, frites, pain blanc, carottes cuites, riz blanc, riz long, céréales raffinées sucrées, barres chocolatées, chips, biscuits, pastèque, melon, potiron, nouilles, raviolis, semoule raffinée...

LES OMÉGA 3
ET LEURS EFFETS
PROTECTEURS

Les oméga 3, couramment présentés comme de « bonnes graisses » ou acides gras « essentiels » doivent obligatoirement être apportés par l'alimentation, car l'organisme ne sait pas les produire lui-même.

QUELS SONT LES BÉNÉFICES DES OMÉGA 3 ?

- Ils assurent **une bonne santé cardio-vasculaire** : leur consommation permet de diminuer le taux de mauvaises graisses, notamment de cholestérol et de triglycérides.
- Ils ont **un effet anti-inflammatoire**, protègent les artères et évitent la formation de caillots sanguins.
- Ils aident à **maintenir un équilibre nerveux**, augmentent le taux de sérotonine, hormone qui régule l'humeur, et **permettent de lutter contre l'état dépressif**.

DANS QUELS ALIMENTS LES TROUVE-T-ON ?

- **Les poissons gras** : saumon, sardine, thon, truite, anchois, hareng, maquereau...
- **Les huiles** de lin, de colza, de noix, de chanvre, de soja, de germe de blé.
- **Les fruits et graines oléagineux** : noix, noisettes, noix de cajou, amandes, graines de lin, de chia, soja...

Équilibrez et variez vos repas, c'est important ! Mangez des légumes à chaque repas, préférez les produits céréaliers non raffinés, associez une portion de protéines à votre repas et ajoutez-y de bonnes graisses.

ATTENTION :

Les oméga 3 sont sensibles à la chaleur et peuvent donc se dégrader facilement à la cuisson. Pour des huiles riches en oméga 3, choisissez-les vierges de première pression à froid, utilisez-les en assaisonnement et conservez-les au réfrigérateur. Pour les poissons, on évite les cuissons à haute température, privilégiez des cuissons douces (en papillote, poché, vapeur).

COMMENT PRENDRE SOIN *au quotidien* DE SA FLORE INTESTINALE ?

Une flore intestinale saine

PASSE PAR UNE ALIMENTATION SAINE...

Mais aussi un mode de vie sain ! En effet, ce n'est pas uniquement ce que l'on consomme qui a une influence sur l'équilibre de notre flore : un état de stress, de fatigue, de maladie, la prise d'antibiotiques, le manque d'activité physique ou encore des problèmes de surpoids peuvent déstabiliser ce lieu de vie qu'est notre microbiote.

C'est bien connu : nos intestins sont notre second cerveau !

LE MICROBIOTE INTESTINAL ET LES EFFETS SUR NOTRE SANTÉ

Le microbiote intestinal, appelé aussi la *flore intestinale*, se compose d'environ cent mille milliards de bactéries logées au niveau des intestins. Ces bonnes bactéries assurent un rôle de digestion et améliorent l'absorption des nutriments des aliments que nous consommons.

Une bonne flore intestinale renforce le système immunitaire : elle est une véritable barrière contre les bactéries pathogènes ! En revanche, un déséquilibre de ce microbiote intestinal peut avoir des conséquences néfastes :

- **maux de ventre**, mauvais transit,
- développement de **maladies inflammatoires** chroniques de l'intestin,
- risques accrus de **surpoids,**
- risques accrus **d'obésité,**
- risques accrus de **diabète,**
- **incidence sur l'état mental.**

ON MISE SUR :

- **LES ALIMENTS FERMENTÉS :** le yaourt, le lait fermenté (lait ribot, lassi...), les fromages fermentés à croûte comme le camembert ou le brie, le pain au levain, la choucroute, les cornichons, les olives, les produits à base de soja fermenté (miso, tempeh, tamari) ; et les boissons fermentées telles que le kéfir et le kombucha.
- **LES ALIMENTS RICHES EN FIBRES** tels que certains fruits (fruits rouges, banane, fruit de la Passion, abricot sec), légumes (poireau, artichaut, asperge, panais, topinambour), légumineuses et céréales complètes.
- **LES ÉPICES** riches en polyphénols et qui aident à détruire les bactéries pathogènes du microbiote.
- **LES CURES DE PRÉBIOTIQUES ET PROBIOTIQUES** sous forme de compléments alimentaires de qualité, telle la levure de bière.

ON ÉVITE :

- **LES ALIMENTS TRANSFORMÉS ET INDUSTRIELS**
- **L'EXCÈS D'ALCOOL**

LES ANTIOXYDANTS
ET LEURS EFFETS ANTI-ÂGE

Les polluants dans notre corps (tabac, alcool, médicaments, stress, UV, pollution, aliments transformés et industriels, manque ou excès d'activité physique…) accentuent la production d'éléments chimiques instables au sein de notre organisme, **les radicaux libres**. L'excès de radicaux libres est néfaste : on parle alors de **stress oxydatif**.

Pour limiter ce stress oxydatif, les antioxydants agissent comme de vrais protecteurs, et leur présence dans notre corps dépend en grande partie de ce que l'on mange.

Bonne nouvelle on en trouve très facilement dans notre alimentation, majoritairement dans les fruits et légumes !

OÙ TROUVER DES ANTIOXYDANTS ?

- **Les fruits et légumes à coloration jaune orange, rouge, et les légumes à feuilles vert foncé** sont riches en caroténoïdes : carotte, tomate, patate douce, épinard, chou…
- **Tous les fruits et légumes sont riches en vitamine C**. Ceux qui en contiennent le plus : kiwi, cassis, persil, chou frisé, citron, poivron, papaye, orange, mangue, brocoli, ananas.
- **Les huiles de germe de blé, d'avocat, de noisette, de colza, d'olive, les graines de tournesol, les amandes, les noix, les poissons gras…** sont une très bonne source de vitamine E.
- **Le raisin, le litchi, les fruits rouges** (myrtilles, fraises, cassis, cerises…), **l'artichaut, les choux de Bruxelles, le persil, le thé** sont concentrés en polyphénols.
- **Les poissons** (thon, hareng, sardines, saumon…), **les crevettes, les noix , les œufs, la viande, les champignons, les tomates, les céréales complètes** sont riches en sélénium.
- **Les huîtres, la viande, les graines de sésame** sont riches en zinc.

À SAVOIR

Une cuisson trop longue et à température élevée détruit une partie des antioxydants. Pour une meilleure assimilation, privilégiez les cuissons douces (vapeur, à basse température…) et consommez certains de vos aliments crus.

L'ALIMENTATION POUR UN CERVEAU EN BONNE SANTÉ

Le cerveau est l'organe le plus complet (et le plus compliqué !) de notre corps ; il assure toutes nos fonctions cognitives et émotionnelles. C'est aussi l'organe qui consomme le plus d'énergie pour bien fonctionner, 20 % de nos apports énergétiques quotidiens servent de « nourriture » à notre cerveau !

Ce dont notre cerveau à besoin :

- **DES GRAISSES (LIPIDES)**

Il est nécessaire d'en consommer chaque jour. Mais pas n'importe lesquelles ! On parle des fameux oméga 3, bien connus pour leur action bénéfique sur le cerveau. Les oméga 6 (huile de tournesol, maïs, arachide) et les oméga 9 (huile d'olive) sont aussi considérés comme de bonnes graisses.

- **DES SUCRES (GLUCIDES)**

Le cerveau en consomme énormément, le glucose est son carburant. Une alimentation équilibrée, avec des repas répartis dans la journée et la consommation d'aliments non transformés et complets, va permettre d'assurer une glycémie stable, exactement ce dont le cerveau a besoin pour être au top de sa forme et de sa concentration ! On privilégie alors les céréales complètes et les légumineuses pour les glucides complexes, et les légumes et fruits pour les glucides simples.

- **DES PROTÉINES**

Il en faut une quantité modérée pour couvrir nos besoins, ainsi qu'un équilibre entre les protéines animales et végétales. Chaque jour, on varie les sources de protéines entre elles : œuf, viande, volaille, poisson, crustacés, légumineuses, soja, produits laitiers, oléagineux, céréales complètes...

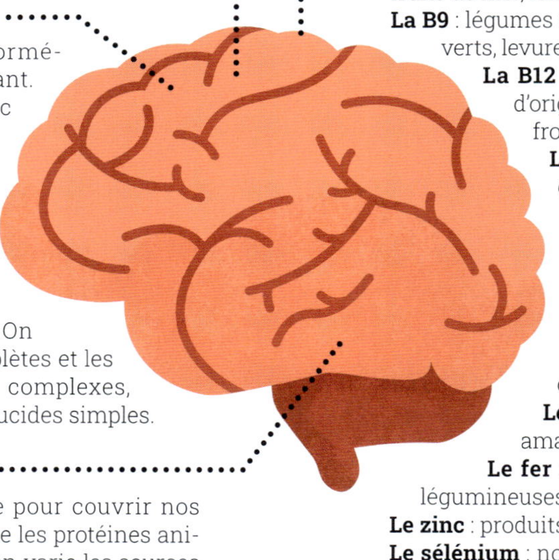

- **DES VITAMINES ET MINÉRAUX :**

La vitamine B1 : céréales complètes, légumes secs, germes de blé, levure de bière, noix, œuf, viande et volaille.
La vitamine B6 : germes de blé, viande, poisson, œuf, fruits de mer, lentilles, produits laitiers, chou.
La B9 : légumes secs, céréales complètes, légumes verts, levure de bière, noisettes, noix, amandes.
La B12 : uniquement dans les aliments d'origine animale (viande, poisson, œuf, fromage, fruits de mer).
La vitamine A : beurre, œuf, carotte, courge, melon, abricot, mangue.
La vitamine C : tous les fruits et légumes frais.
La vitamine E : toutes les huiles végétales.
Le calcium : fromage, laitages, certaines eaux minérales
Le magnésium : légumineuses, noix, amandes, cacao, fruits de mer.
Le fer : viande rouge, volaille, poisson, légumineuses, les fruits et graines oléagineux.
Le zinc : produits de la mer, légumineuses.
Le sélénium : noix, poisson, fruits de mer, viande, œuf, légumineuses.

Encore une fois, c'est vraiment une alimentation variée, équilibrée et de qualité qui permet de couvrir tous nos besoins spécifiques. On pense aussi à bien boire, pour augmenter ses capacités mentales ; et à être actif pour bien oxygéner son cerveau !

Émotions et alimentation

Les aliments que nous consommons ont une influence sur notre santé, mais aussi sur notre bien-être. Le fait de consommer certains aliments à certains moments de la journée aussi. Par exemple, ne pas consommer trop de sucre au petit déjeuner permet d'avoir une humeur plus stable ; une alimentation riche en oméga 3 évite le sentiment de stress et la dépression...

La nourriture fait appel à des souvenirs et provoque des réactions émotionnelles, d'où le fait que de nombreuses personnes stressées ou anxieuses prennent du poids. Elles compensent et se « calment » en consommant des aliments plus gras, plus sucrés, ou en plus grande quantité.

La recherche de plaisir, que beaucoup associent à des aliments plus gras et plus sucrés, influence sur ce que l'on mange, provoque des réactions au niveau du cerveau telle que la fabrication d'endorphines. Lorsque ce comportement automatique et impulsif, ordonné par le cerveau, est l'unique réponse à un moment de stress ou de déprime, l'addiction et le cercle vicieux se crée : plus vous mangez gras et sucré et plus votre cerveau vous réclame ce type d'aliment. La solution ? Stopper ce cercle vicieux en commençant par rééquilibrer son alimentation dès le matin, prendre un petit déjeuner pauvre en sucre mais riche en protéines, en glucides complexes et en graisses et ne sauter aucun repas.

Les petits plus anti-stress, anti-fatigue et anti-déprime :

Les fruits frais

Le chocolat noir 70 % de cacao

Le miel

Les yaourts

Les noix et amandes

LES **7** GRANDES FAMILLES *d'aliments*

Le secret d'une alimentation équilibrée, c'est de varier ses repas, et de piocher, en plus ou moins grande quantité, dans chacune des sept grandes familles d'aliments.

LES FRUITS & LÉGUMES

La consommation quotidienne de fruits et légumes permet de garder une glycémie stable. Elle permet aussi de combler nos besoins en fibres, primordiales pour notre santé intestinale. Les fruits et légumes sont riches en eau (80 à 90 % de leur poids total), ce qui en fait des aliments peu caloriques et apporte des bons glucides et de la vitamine C. Ils en sont d'ailleurs notre principale source. Ils sont également une bonne source d'apport en caroténoides (provitamine A), en vitamines du groupe B et plusieurs minéraux dont le calcium, le potassium et le fer pour certains.

Il sera toujours plus intéressant de consommer les fruits et légumes sous leur forme brute ou à cuisson douce, pour ne pas altérer leurs propriétés.

Pommes de terre, patates douces, petits pois...

FONT-ILS PARTIE DE LA FAMILLE DES LÉGUMES ?

Les pommes de terres et patates douces, tout comme les petits pois, sont souvent considérés comme des légumes, mais leur richesse en amidon les classe plutôt dans la catégorie des « féculents ».

ZOOM SUR LES FRUITS

Les fruits font partie des aliments protecteurs face aux effets néfastes des radicaux libres et du vieillissement prématuré de notre organisme. On n'hésite pas à consommer également les fruits les plus sucrés tels que le raisin, la banane, la cerise, la mangue, qui ont à tort mauvaise réputation. Le principal est, comme pour chaque catégorie d'aliments, de varier ses sources afin de cumuler tous les bienfaits! Les fruits secs, beaucoup plus sucrés (60 % de sucres en moyenne), sont très nutritifs et énergétiques, et permettent de réguler notre système intestinal : à consommer avec parcimonie mais régulièrement.

ZOOM SUR LES LÉGUMES

Les légumes sont d'une grande variété et indispensables à notre bonne santé. Ils sont une très bonne source d'antioxydants, les alliés de notre santé, notamment de vitamine C et de bêta-carotène. On les choisit de saison, si possible d'agriculture bio et locale pour une plus grande fraîcheur et qualité. On dispose de légumes surgelés, en conserve ou prêts à l'emploi : ces techniques de conservation facilitent le quotidien et le temps de cuisine, ils peuvent donc venir compléter l'apport de légumes frais, du moment que leur forme reste « nature ».

LES JUS

Les jus ne remplacent pas les vertus des fruits entiers, mais vous pouvez opter pour eux en quantité modérée, à condition de les choisir 100 % pur jus, avec pulpe de préférence, sans additif et plutôt stockés au rayon frais. Les smoothies 100 % fruits sont un meilleur choix. Et encore mieux : faites-vous mêmes vos jus et smoothies !

Une bonne option : les jus de légumes et fruits, c'est un mélange appréciable, moins sucré que les jus uniquement de fruits et excellent pour la santé !

LES « SUPER BAIES »

Baies de goji, cranberries, physalis, myrtilles, baies d'açaï. Excellents anti-âge, ces super fruits séchés sont un concentré d'énergie, de vitamines et de minéraux : à consommer pour maintenir une bonne vitalité !

ET L'AVOCAT ?

L'avocat n'est pas un « fruit » comme les autres. Il est souvent mis de côté à cause de son apport calorique. Il apporte en effet des graisses, mais de bonnes graisses, des acides gras mono-insaturés, importants pour diminuer le mauvais cholestérol, et dont on ne peut se priver ! Il est riche en nutriments antioxydants, et sa consommation contribue à une bonne santé.

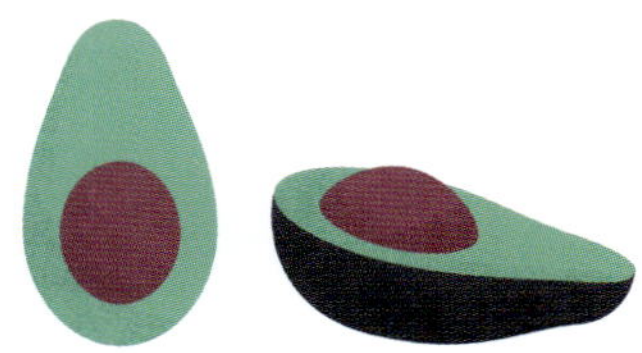

UNE CATÉGORIE SPÉCIALE : *les oléagineux*

Les fruits oléagineux (amande, noix, noisette, noix de cajou, noix de macadamia, pignon, pistache...) et les graines oléagineuses (graines de sésame, de tournesol, de chia, de lin, de courge...) offrent d'excellents éléments, apportent de bons gras (oméga 3) bénéfiques pour le cœur, des protéines végétales, des fibres et de nombreux minéraux (sources de magnésium, calcium, zinc, fer, manganèse) et vitamines (E et B).

Ces concentrés d'énergie et d'antioxydants sont un très bon complément en protéines végétales et en calcium pour les personnes qui mangent peu de viande et de laitages, et ont toute leur place dans notre alimentation quotidienne. Choisissez-les non grillés et non salés.

LES FÉCULENTS, LÉGUMINEUSES & CÉRÉALES

- **LES CÉRÉALES**

(blé, riz, avoine, orge, seigle, épeautre, sarrasin, millet, sorgho) et leurs dérivés (farine, pâtes, semoule, pain…)

- **LES TUBERCULES**

(pomme de terre, patate douce, topinambour, igname, manioc) et leurs dérivés.

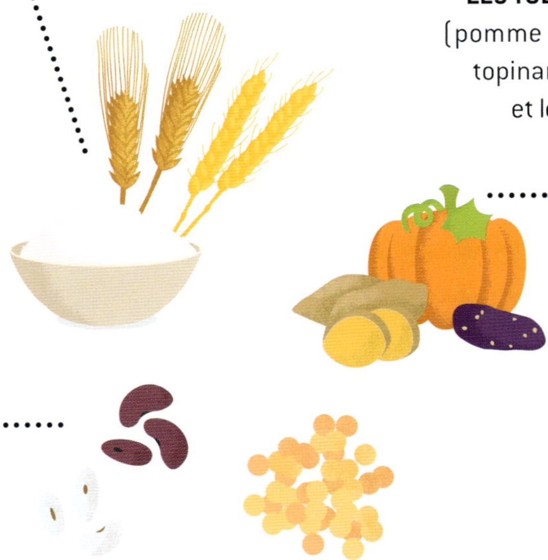

- **LES LÉGUMINEUSES**

(ou légumes secs) : lentilles blondes, vertes, noires, corail ; haricots rouges et blancs ; pois cassés, pois chiches, petits pois, fèves, flageolets, edamame, soja, lupins.

Le rôle principal des féculents est de nous fournir de l'énergie, grâce à leur teneur en glucides complexes. Ce « carburant » fourni par les féculents est indispensable au bon fonctionnement de notre organisme.

De plus ils sont une bonne source de protéines végétales, de vitamines du groupe B, de minéraux (fer, magnésium, phosphore, potassium, zinc, cuivre, calcium) et de fibres.

POUR BÉNÉFICIER
AU MIEUX DE NOTRE PRINCIPALE SOURCE D'ÉNERGIE, IL EST IMPORTANT DE :

BIEN CHOISIR SES FÉCULENTS

Choisissez des féculents à index glycémique bas ou modéré : remplacez le pain blanc, le riz blanc, les pâtes blanches et les produits céréaliers industriels par des aliments non raffinés : riz complet, quinoa, boulgour, pain complet, pain à l'épeautre, aux flocons d'avoine, sarrasin...
Les légumineuses ont naturellement un index glycémique modéré ou bas. De plus, leur richesse en fibres, en minéraux, en vitamines du groupe B dont l'acide folique, et leur absence de mauvaise graisse en font des alliés pour la santé.

VARIER SES FÉCULENTS

Il y a un grand choix de féculents autres que le riz, les pâtes et le pain, intéressants en termes de nutriments et surtout à index glycémique bas ou modéré : le riz sauvage, le riz basmati, le riz complet, le riz rouge, le boulgour, le quinoa, le sarrasin, l'avoine, le petit épeautre, le millet...

On mise également sur les légumineuses !

DES CÉRÉALES *pour le petit déjeuner ?*

La qualité nutritionnelle de la plupart des céréales du petit déjeuner n'est pas bonne ! Trop sucrées, céréales transformées et dénaturées, IG élevé... la majorité des céréales du petit déjeuner, à cause de leurs ingrédients raffinés, diminuent l'énergie et la concentration et favorisent l'appétit et la prise de poids. Tout l'inverse de ce que l'on souhaite !

Céréales RAFFINÉES ?

Une céréale dite « raffinée » est une céréale dont on a retiré l'enveloppe de son grain, partie la plus riche en fibres et en minéraux ! C'est pourquoi les féculents dit « blancs » (pâtes blanches, pain blanc, riz blanc...) sont moins intéressants pour notre santé. La grande majorité des produits industriels sont à base de céréales raffinées : plus faciles à stocker et à conserver, plus « neutres » au niveau du goût et de l'odeur, elles présentent donc uniquement un intérêt économique, car du côté de la santé c'est un véritable appauvrissement en précieux minéraux.

LES VIANDES, POISSONS, ŒUFS & ALTERNATIVES VÉGÉTALES

CE GROUPE D'ALIMENTS REPRÉSENTE LES ALIMENTS RICHES EN PROTÉINES

Les protéines permettent la croissance et le bon fonctionnement des muscles, la fabrication des enzymes et hormones, le transport de l'oxygène, la souplesse et la résistance de notre peau et de nos cheveux...

LES PROTÉINES *d'origine végétale :*
Les légumineuses, les céréales complètes, les fruits et graines oléagineux.

LES PROTÉINES *d'origine animale :*
La viande, la volaille, les œufs, les poissons et produits de la mer. Les laitages sont aussi une bonne source de protéines.

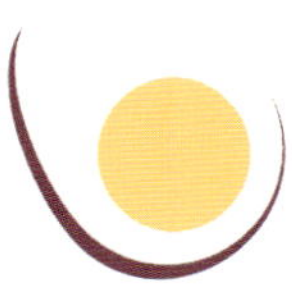

La viande, les œufs et les poissons ont une teneur en protéines élevée : 26 % de protéines pour la viande, 23 % dans le poisson et 12 % pour les œufs. À titre d'exemple, les lentilles, une fois cuites, apportent 10 % de protéines, le quinoa 4%. Il faudra consommer environ 250 à 300 g (poids cuits) de mélange de céréales complètes et légumineuses ou 200 g cuits de légumineuses à votre repas pour obtenir quasiment autant de protéines que dans un steak haché.

DIMINUER SON APPORT EN PROTÉINES ANIMALES: QUELLES CONSÉQUENCES ?

On a souvent peur de s'exposer à des carences alimentaires en voulant diminuer son apport de protéines animales.

Il est vrai que les protéines des aliments d'origine végétale sont souvent déficitaires en certains acides aminés indispensables. Mais l'association légumineuses et céréales complètes permet de combler tous nos besoins en protéines : c'est ce qu'on appelle la complémentation protéique. Cette association peut se faire au cours du même repas ou d'une même journée.

Le fer, qui a le grand rôle de transporter l'oxygène dans toutes les cellules, est également moins bien absorbé lors de la consommation de végétaux riches en fer (fer non héminique) par rapport à celui d'origine animale (fer héminique).

Mais là encore, il y a des solutions pour améliorer l'absorption du fer des végétaux :

- **marier les aliments végétaux riches en fer avec des aliments riches en vitamines C** (fruits frais, crudités) ;
- **tremper les légumineuses** avant la cuisson ;
- **ne pas consommer de thé pendant le repas**, les tanins qu'il contient empêchent la bonne assimilation du fer.

LES *recommandations nutritionnelles* OFFICIELLES

L'ANSES recommande de consommer 10 à 20 % des calories quotidiennes sous forme de protéines, animales ou végétales, en se limitant à 500 g de viande et 150 g de charcuterie au maximum par semaine. Il est recommandé également de consommer des poissons gras et maigres deux fois par semaine. Même fréquence minimale pour les légumes secs, nouvellement considérés comme des aliments protéinés.

Notez aussi que **chez les végétariens** qui consomment laitages et œufs, **l'équilibre en acides aminés essentiels et en vitamines et minéraux est plus facile à obtenir que chez les végétaliens** qui ne consomment aucun aliment d'origine animale, et qui devront alors avoir recours à une supplémentation en vitamine B12, indispensable à notre cerveau et notre système nerveux, et contenue exclusivement dans les produits d'origine animale.

LE SOJA, AUSSI PROTÉINÉ QUE LA VIANDE ?

Il est difficile de vraiment savoir si le soja, présenté comme un substitut sain de la viande, mais victime d'avis controversés, est bon ou pas. Nutritionnellement, **il est composé d'excellentes protéines**, d'un peu de glucides et de lipides de qualité, de vitamines A et B, de potassium, de calcium, de magnésium, de zinc et de fer. **C'est un aliment complet, qui peut tout à fait remplacer une portion de protéines animales**, 100 g de tofu apportant 15 % des besoins journaliers en protéines. Côté santé, **la consommation de soja favorise la baisse du cholestérol et de certains effets secondaires de la ménopause** comme les bouffées de chaleur. Il y a tout de même quelques précautions à prendre : on consomme du soja cultivé en France car garanti sans OGM ; et, concernant ses possibles effets néfastes sur le risque de certains cancers à cause des isoflavones (phytoestrogènes) qu'il contient, les dernières données sont rassurantes et démontrent plutôt des effets bénéfiques pour la santé, notamment un effet protecteur sur le cancer du sein. On peut donc consommer du soja régulièrement (à l'exception des femmes enceintes, des enfants de moins de 3 ans et des personnes en hypothyroïdie) et, de façon modérée, comme tout aliment dans le cadre d'une alimentation variée et équilibrée.

LES PRODUITS LAITIERS & ALTERNATIVES VÉGÉTALES

À NOTER

Le beurre, la crème fraîche et les crèmes desserts, qui sont des produits gras, et\ou sucrés **ne font pas partie des produits laitiers.**

Côté nutrition, les produits laitiers apportent des protéines et du calcium, un minéral important pour la formation des os et des dents, pour la contraction musculaire ainsi que pour le bon fonctionnement du système nerveux. Les laitages apportent aussi du sucre (lactose), des graisses, du phosphore, du magnésium, des vitamines A, B, C, D et E.

ALTERNATIVES
VÉGÉTALES

Ce que l'on appelle « alternatives végétales » sont les « laits » et « yaourts » issus d'oléagineux ou de céréales tels que l'amande, le soja, la noisette, le quinoa, l'avoine, le riz, l'épeautre, le chanvre, la noix de coco... Ils sont une bonne alternative aux laits animaux pour les allergiques ou intolérants au lactose ou pour éviter l'excès de protéines animales, acidifiant pour le corps. Faciles à digérer, les alternatives végétales contiennent des protéines végétales, du calcium bien métabolisé par l'organisme, peu de lipides mais de bonne qualité et, contrairement au lait d'origine animal, ils n'apportent pas de lactose, de caséine ni de cholestérol.

Les produits laitiers bien tolérés et bien choisis vous apporteront de bons nutriments, de même que les boissons et desserts végétaux, un bon substitut qui permet de diminuer sa consommation de produits d'origine animale. Les nouvelles recommandations nutritionnelles conseillent de consommer 2 produits laitiers par jour pour l'adulte, dont une alternative végétale enrichie en calcium.

LES « LAITS » VÉGÉTAUX

L'appellation « lait » n'est pas exacte car consacrée uniquement au lait d'origine animale. Officiellement, on les nomme « boissons végétales ». Préférez les « laits végétaux » avec la mention « enrichi en calcium ».

Notez aussi que le calcium ne se trouve pas que dans les produits laitiers. Les amandes, noix, sardines, épinard, choux, pois chiches, soja, figues séchées, graines de sésame et certaines eaux minérales, entre autres, en sont une très bonne source.

LE CAS DU FROMAGE

Le fromage se caractérise par un concentré de protéines et de calcium, il est dépourvu de lactose, mais est aussi en contrepartie une source de graisses saturées et de sel.

POURQUOI TROUVE-T-ON DES LAITS SANS LACTOSE ?

Le lactose est le sucre du lait, la majorité des marques de lait proposent du lait appauvri en lactose. Le but est de mieux le digérer car, en effet, la lactase, l'enzyme qui permet de bien digérer le lactose, est beaucoup moins présente dans nos intestins à l'âge adulte, créant alors des inconforts digestifs et des intolérances au lait chez de nombreuses personnes.

LES MATIÈRES *grasses*

LES MATIÈRES GRASSES AJOUTÉES

Les matières grasses ajoutées, trop souvent diabolisées, ne sont pas mauvaises, notre corps en a besoin chaque jour. Elles sont composées quasi exclusivement de lipides, un macronutriment aux rôles essentiels. En effet, les lipides fournissent de l'énergie, et sont nécessaires à notre cerveau et à nos muscles; ils sont les constituants majeurs de nos membranes cellulaires, permettent la synthèse de nos hormones et l'absorption des vitamines liposolubles (A, D, E, K).

À NOTER

En revanche, **l'excès et le mauvais choix des matières grasses** ajoutées et des aliments riches en graisses **peuvent être néfastes** pour notre santé.

Il y a les matières grasses ajoutées d'origine animale (beurre, crème) et celles d'origine végétale (huile).

LIPIDES NATURELS

Les lipides contenus naturellement dans les aliments.

Viande

Poissons gras

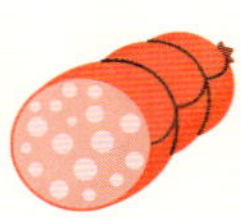

Charcuterie

Oléagineux

ALIMENTS TRANSFORMÉS

Les aliments transformés, riches en lipides.

Viennoiseries

Chips

Produits industriels

Pâtisseries

LIPIDES D'AJOUTS

Les lipides d'ajouts, c'est-à-dire les corps gras.

Matières grasses ajoutées

QUELLE
MATIÈRE GRASSE
POUR LA CUISSON ?

Les huiles qui résistent bien à la chaleur sont l'huile d'olive, de coco, de tournesol oléïque, d'arachide, de colza raffiné. La plus saine est l'huile d'olive, riche en oméga 9, idéale pour les cuissons à la poêle ou au four, mais pas adaptée pour les très hautes températures. Les huiles de tournesol et d'arachide supportent de très fortes chaleurs, elles peuvent donc être utilisés pour la friture. L'huile de coco est une huile composée exclusivement d'acides gras saturés, ce qui la rend également très résistante aux hautes températures.

Pour un bon équilibre, il faut varier ses sources de corps gras

CONSOMMER

Consommer des acides gras polyinsaturés essentiels, exclusivement obtenus par notre alimentation. Il s'agit des fameux oméga 3 et oméga 6. Les matières grasses riches en oméga 6 sont l'huile de tournesol, de maïs, de carthame, de pépins de raisin, d'arachide, et celles riches en oméga 3 sont l'huile de colza, de noix, de noisettes, de lin, de chanvre.

Consommer des acides gras monoinsaturés : les principaux sont les oméga 9, et la principale source de matière grasse qui en contient est l'huile d'olive.

LIMITER

Limiter les acides gras saturés : on en trouve dans le beurre, la crème fraîche et l'huile de coco.

ATTENTION

Méfiez-vous des produits gras industriels, la plupart sont fait à partir d'huiles de mauvaise qualité et transformées, parfois mentionnées sur l'emballage sous l'appellation « d'huiles (ou graisses) partiellement hydrogénées ».

LES PRODUITS *sucrés*

Une consommation ponctuelle de produits sucrés, dans le cadre d'une alimentation saine et équilibrée, n'a pas de conséquences sur notre organisme, mais une consommation élevée, oui !

Elle favorise le surpoids, l'obésité ainsi que les maladies qui y sont associées telles que le diabète, les maladies cardio-vasculaires et certains cancers. La consommation de sucres augmente également le risque de caries dentaires, chez l'enfant comme chez l'adulte.

À NOTER

La consommation moyenne de sucre en France est de plus de 100 g par jour et par personne, ce qui revient à dire que nous mangeons **en moyenne chaque jour 20 morceaux de sucre.**

Quels sont les produits sucrés ?

Ces produits se caractérisent par un goût sucré, et leur composition nutritionnelle est majoritairement faite de glucides simples et de très peu (voire aucun) nutriment indispensable à la santé.

Pâtisseries

Miel

Biscuits

Barres chocolatées

Confitures

Crèmes dessert

Confiseries

Crèmes glacées

Pâte à tartiner

LES *boissons*

NOUS LE SAVONS, UNE SEULE BOISSON EST INDISPENSABLE : L'EAU

Nous sommes composés à 60 % d'eau et nous en perdons plus de 2 litres chaque jour ; cette perte doit alors être compensée par l'eau des boissons et l'eau contenu dans les aliments, afin de maintenir un bon équilibre.

Côté quantité, il est recommandé de boire approximativement 8 verres d'eau par jour, soit 1,5 à 2 litres d'eau par jour.

BOIRE 8 VERRES D'EAU PAR JOUR

Les boissons regroupent :

L'EAU

C'est l'eau plate qu'il faut boire en grande majorité dans la journée. Il est possible de compléter cet apport par des thés, cafés (de façon modérée) et infusions non sucrées. L'eau gazeuse est à consommer ponctuellement : elle peut entraîner des ballonnements à cause du dioxyde de carbone qu'elle contient et certaines eaux gazeuses apportent trop de sel.

LES JUS DE FRUITS

Les jus de fruits se composent du sucre des fruits, de vitamines, minéraux... à condition de bien les choisir ! Optez pour les « 100% pur jus », sans adjonction, les smoothies ou les jus pressés à froid.

LES SODAS ET AUTRES BOISSONS SUCRÉES

Les sodas et autres boissons sucrées n'apportent aucune vitamine, uniquement du sucre ainsi que des additifs. Ce sont des boissons à consommer occasionnellement, pour le plaisir et la convivialité : une consommation régulière de sodas et boissons sucrées augmente la prise de poids, ainsi que le risque de diabète de type 2 et de maladies cardio-vasculaires.

L'ALCOOL

Les boissons alcoolisées sont à consommer ponctuellement pour le plaisir (même si des études ont démontré qu'une consommation modérée de vin pourrait protéger de certaines affections cardio-vasculaires), elles apportent des calories, favorisent le stockage des graisses et la déshydratation à cause de leur effet diurétique.

ET LES *Sodas light?*

LE SUCRE SACCHAROSE Y EST REMPLACÉ PAR DES ÉDULCORANTS DE SYNTHÈSE

Certes, il n'y a pratiquement plus aucune calorie, mais le goût sucré est toujours là (les additifs aussi !), ce qui accentue les envies de manger et de boire sucré. De plus, les effets des édulcorants sur la santé sont encore mal connus. On limite aussi la consommation des boissons édulcorées.

4

IDÉES REÇUES ET *démentis*

MANGER GRAS :
BON OU MAUVAIS ?

Les graisses ont mauvaise presse depuis longtemps ! Il est vrai que les graisses fournissent le plus de calories. Mais, bien heureusement, une bonne alimentation ne repose pas sur le calcul des calories ; leur nature est bien plus importante que leur nombre.

DIFFÉRENTS ALIMENTS
COMPOSÉS DE GRAISSES DIFFÉRENTES.

55 CALORIES	70 CALORIES	115 CALORIES	200 CALORIES
1 poignée **de chips**	1 c. à s. **de mayonnaise**	4 tranches **de saucisson sec**	1 pavé **de saumon**
1 poignée **de noix**	1 c. à s. **d'huile d'olive**	1 portion **de comté**	1 pain **au chocolat**
70 CALORIES	90 CALORIES	125 CALORIES	255 CALORIES

Bien choisir ses apports en graisses

ON S'INTÉRESSE À LA QUALITÉ DES ACIDES GRAS

On entend souvent parler des acides gras essentiels, les oméga 3. Ce sont, en effet, ceux à privilégier avec les oméga 6 et 9, et ceux qui doivent représenter notre plus grande source de lipides. Ces acides gras dit « insaturés » sont les « bons » gras aux effets protecteurs pour notre santé cardio-vasculaire. On les retrouve dans les huiles végétales, les poissons gras, les noix, amandes, graines de sésame, de lin...

Mais nous avons besoin de toutes les graisses, même des graisses saturées ! En bien moindre quantité que les « bonnes » graisses, cela va de soi. On les trouve dans le beurre, la crème fraîche, les viandes et charcuteries ou l'huile de coco. Elles deviennent « mauvaises » graisses lorsqu'elles sont consommées en excès.

Seules les graisses trans sont réellement à éviter ! Ce sont les graisses que l'on retrouve majoritairement dans les produits gras transformés et lors de la cuisson des huiles végétales à très haute température.

UNE CHOSE EST SÛRE :

LES GRAISSES NE SONT PAS À BANNIR DE NOTRE ALIMENTATION.

Pourquoi ? Car elles sont un véritable carburant pour notre corps et indispensables à la composition des membranes de nos cellules, la particularité de notre cerveau. C'est pourquoi la part des lipides dans notre alimentation quotidienne doit représenter 35 à 40 % de l'énergie totale.

Les graisses sont donc bénéfiques ! C'est l'excès, y compris celles des « bonnes », qui peut poser des problèmes pour le poids et la santé.

SUCRE BLANC, SIROP D'AGAVE, ASPARTAME... LESQUELS CHOISIR ?

Notre corps et notre cerveau ont besoin de sucre. Pour beaucoup, il est synonyme de plaisir et de réconfort. Mais il a surtout le pouvoir d'élever (un peu trop) la glycémie, créant des fringales incontrôlables si on en consomme en excès. Le sucre rapide apporte rapidement de l'énergie à l'organisme ; une partie est stockée dans le foie et dans les muscles et lorsque cette réserve de stockage est complète, l'excès de glucose se stocke en graisses. Ce phénomène, lorsqu'il est mis en route plusieurs fois, au fil des jours et des mois, a des conséquences sur le bien-être et la santé : fatigue, manque de concentration, formation de caries, flore intestinale perturbée, surpoids, maladies cardio-vasculaires, diabète, cancers...

OPTEZ POUR LE SUCRE COMPLET

Optez pour le sucre complet (rapadura ou muscovado) à la place du sucre blanc: le sucre complet, non raffiné, contient des vitamines, des minéraux, des oligo-éléments et des fibres. Lors de sa digestion, il passe moins rapidement dans le sang que le sucre blanc qui lui, au contraire, fournit des « calories vides ».

POUR ÉVITER CELA :

Ne pas consommer plus de sucre que ce dont nous avons besoin : notre apport en sucres libres doit correspondre à moins de 10 % de l'apport énergétique total.

Choisir des sucres et des aliments sucrés qui évitent un trop gros pic glycémique.

On choisit LES « BONS » SUCRES ET ON ÉVITE LES « MAUVAIS » SUCRES.

LA PLUPART DES PRODUITS INDUSTRIELS SUCRÉS SONT COMPOSÉS DE SUCRE RAFFINÉ.

Vous les trouvez sous différents noms: fructose, saccharose, glucose, dextrose, sirop de maïs, sirop de glucose, sirop de glucose-fructose, sirop d'amidon, extrait ou sucre de malt, maltose, raffinose, maltodextrine...

C'est cet excès de sucre raffiné et transformé qui est dangereux pour la santé, et qui développe une véritable addiction.

ET LES ÉDULCORANTS DE SYNTHÈSE ?

Évitez de remplacer le sucre par des édulcorants de synthèse comme l'aspartame, la saccharine ou le cyclamate, très utilisés par l'industrie alimentaire. Ils ont un pouvoir sucrant deux cent fois plus élevé que le sucre blanc, quasiment aucune calorie, mais ces faux-sucres sont chimiquement transformés et ne fournissent pas d'énergie. Le cerveau les considère comme du vrai sucre, et ce faux message donné à l'organisme entretient le goût sucré avec le risque d'augmenter son appétence pour le sucre et d'en consommer davantage !

À NOTER

Il ne s'agit pas de supprimer les sucres, mais de contrôler leur apport et de choisir les meilleurs afin que cela reste un plaisir, et non une addiction qui aurait des conséquences néfastes sur votre forme et votre santé.

D'autres alternatives naturelles au sucre

• LA STEVIA

issue d'une plante, n'apporte aucune calorie et a un fort pouvoir sucrant (trois cents fois supérieur au sucre blanc). Ce sucre est souvent utilisé chez les diabétiques par rapport à son faible impact sur la glycémie. Attention tout de même à son utilisation car les produits alimentaires industriels contenant de la stevia se vantent de leur côté « naturel » alors qu'ils contiennent seulement de faibles extraits de stevia, qui ont subi des transformations industrielles.

• LE SIROP D'ÉRABLE

un sirop naturel, source d'antioxydants, de vitamines et de minéraux tels que le zinc et le potassium. Légèrement moins calorique, un pouvoir sucrant élevé et moins d'effets sur l'élévation du taux de glucose sanguin, c'est une alternative saine au sucre blanc.

• LE SIROP D'AGAVE

extrait d'une plante, permet d'éviter les pics d'insuline. Il a également un fort pouvoir sucrant supérieur au sucre, tout en étant moins calorique que ce dernier. Le sirop d'agave est riche en fructose, bénéfique pour son effet sur l'index glycémique mais problématique lorsqu'il est consommé en excès. Comme pour tout sucre, on s'en tient aux recommandations !

• LE MIEL

un produit naturel qui apporte des vitamines, des minéraux et des acides aminés. Il est doté d'un fort pouvoir sucrant, on peut en consommer des quantités plus faibles pour le même effet. Cela reste un sucre, donc à consommer avec parcimonie.

• LE SUCRE DE FLEUR DE COCO

apporte des vitamines et des minéraux, notamment du phosphore et du potassium. Son goût caramélisé est idéal pour les pâtisseries. On le trouve aussi sous forme liquide : le sirop de fleur de coco.

• LE XYLITOL

ou sucre de bouleau, a l'avantage d'avoir le même goût et le même pouvoir sucrant que le sucre blanc avec un apport calorique et un index glycémique beaucoup plus faibles. Il peut être utilisé dans n'importe quelle préparation, mais en quantité modérée, car il peut avoir des effets négatifs sur le transit s'il est consommé en trop grande quantité.

ATTENTION !

Attention au sucre roux : sa couleur trompeuse nous laisserait penser qu'il s'agit d'un sucre complet. Il est, en fait, semblable au sucre blanc, avec très peu de différence nutritionnelle.

Sont-ils meilleurs ?

PRODUITS ALLÉGÉS, ENRICHIS EN VITAMINES, PAUVRES EN SEL, BIO, LOCAUX…

BIO

Bio ne veut pas dire « sain » ou « peu calorique ». Le bio est intéressant pour les produits bruts, car le mode de production n'utilise aucun produit chimique nocif pour la santé. Mais face à la croissante demande des consommateurs, un large choix de produits bio est apparu, avec son lot de produits transformés, pouvant donc contenir, comme pour les non-bio, des additifs, trop de gras, trop de sucre… Référez-vous toujours à la liste des ingrédients.

LOCAUX

Attention, un aliment produit près de chez vous peut être bourré de pesticides et non respectueux de l'environnement. Il faut prendre la peine de savoir d'où vient la nourriture et quel est son mode de production.

ALLÉGÉS

Ils existent depuis longtemps, et répondent à un besoin de ne pas prendre du poids tout en mangeant des aliments qui procurent du plaisir. Les produits dits « light » ont l'obligation de contenir, au minimum, 30 % de calories en moins que le même produit dans sa version classique. Le but est de se rapprocher le plus possible au niveau de la texture et du goût du produit de référence. Sauf que cela implique l'ajout de nombreux additifs, d'édulcorants de synthèse pour les produits allégés en sucre, et la perte de précieux nutriments tels que des vitamines liposolubles (A, D, E, K) pour les produits allégés en graisses. Souvent, on observe même un ajout de sucres dans les produits allégés en graisses !

ENRICHIS EN CALCIUM, VITAMINES, OMÉGA 3…

Ces aliments peuvent avoir un intérêt seulement si la personne qui en consomme présente un déficit d'un de ces micronutriments, sinon cela n'est pas utile et peut même créer un déséquilibre au niveau de l'organisme.

PAUVRES EN SEL

Ils peuvent être intéressants pour les personnes ayant un régime particulier ou des problèmes d'hypertension. Sinon, il suffit d'ajouter du sel, de façon modérée, lors des préparations culinaires, de consommer raisonnablement les aliments riches en sel (charcuterie, fromage, pain) et d'éviter les soupes déshydratées, sauces industrielles et plats préparés, pour ne pas dépasser le seuil maximal de sel par jour estimé à 5 g.

FAUT-IL *consommer moins* DE GLUTEN ET DE LACTOSE ?

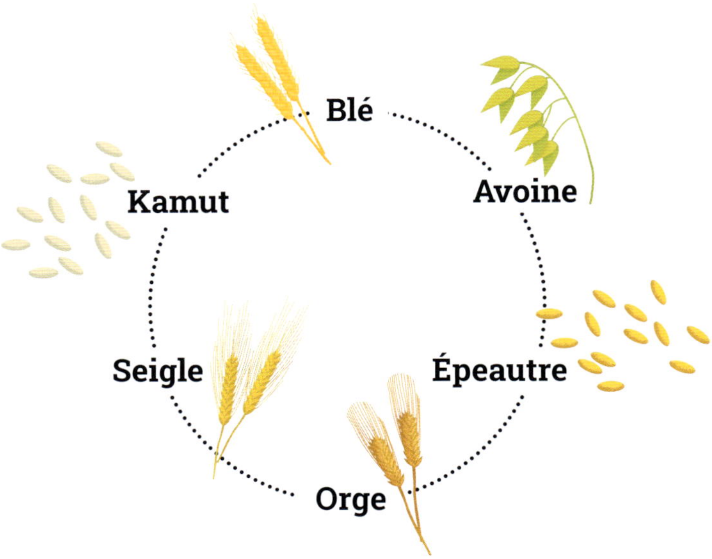

LE GLUTEN, C'EST QUOI ?

Le gluten est un mélange de protéines contenu dans certaines céréales : blé, avoine, seigle, épeautre, orge, kamut. Il sert de liant dans les préparations alimentaires, c'est pourquoi on le retrouve dans de nombreuses recettes traditionnelles telles que le pain, les pâtes, les crêpes, les gâteaux... Cette propriété d'élasticité plaît beaucoup aux industries agroalimentaires qui en ajoutent partout.

LE LACTOSE, C'EST QUOI ?

Le lactose est le sucre présent dans le lait des mammifères. L'intolérance au lactose, qui touche presque la moitié des adultes, est la difficulté à digérer le lactose à cause d'un manque de lactase, l'enzyme qui sert à sa digestion. Il faut savoir que le lactose est plutôt concentré dans le lait, mais presque inexistant dans les yaourts ou les fromages.

ATTENTION

Ne pas confondre l'intolérance au lactose avec l'allergie aux protéines de lait de vache, plus grave, mais plus rare, et qui a tendance à disparaître à l'âge adulte.

CONSOMMER *de la viande* EST-IL ESSENTIEL ?

Nous n'avons jamais été autant informés des conséquences que l'excès de viande et les produits carnés ont sur notre santé et sur notre environnement.

Notre corps et notre cerveau ont besoin de protéines et de fer, éléments que l'on trouve, entre autres, dans les viandes. Ce sont des constituants essentiels qui jouent un rôle capital dans notre organisme, surtout que certains acides aminés indispensables sont à apporter obligatoirement par l'alimentation.

Bien heureusement, on ne trouve pas des protéines que dans la viande : les œufs, les poissons, les légumineuses, le soja, les fruits et graines oléagineux, les céréales complètes, le fromage et les laitages sont une bonne source de protéines. Pour le fer, on en trouve aussi dans les végétaux : les lentilles, les haricots rouges, les épinards, le soja, le sésame, le chocolat noir...

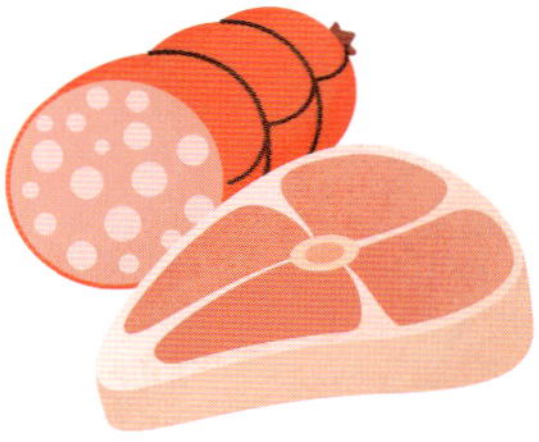

RÉGIME VÉGÉTARIEN

Avec un **régime végétarien**, si on équilibre son alimentation de façon optimale, avec des aliments bruts, non transformés, en privilégiant une **association légumineuses-céréales complètes et des végétaux de grande variété et de qualité**, on ne s'expose à aucune carence, ni en fer, ni en calcium, ni en vitamines. **La seule vitamine qui puisse être en quantité insuffisante est la B12,** mais uniquement chez les végétaliens qui ne consomment aucun produit d'origine animale. Dans ce cas des compléments à base de vitamine B12 sont à prendre en substitut.

5

LES RISQUES LIÉS À UNE

mauvaise alimentation

Trop de graisses, trop de sucre, trop de sel... une mauvaise alimentation est une alimentation qui se caractérise par des excès alimentaires, mais aussi par un manque de qualité nutritionnelle : un manque de vitamines et de minéraux, de fibres, d'acides gras essentiels... souvent dû à une consommation trop régulière de produits transformés et industriels, appauvris en nutriments.

Cette mauvaise façon de se nourrir a de grandes conséquences sur notre santé.

SURPOIDS *Obésité* DIABÈTE

L'INDICE DE MASSE CORPORELLE

Lorsque la balance énergétique est déséquilibrée, c'est-à-dire que les apports alimentaires sont supérieurs à la quantité d'énergie que nous dépensons, notre organisme met en réserve ce surplus sous forme de graisses : le poids augmente.

Lorsque l'on atteint un IMC (Indice de Masse Corporel) supérieur à 25, on parle de surpoids, au-delà de 30 il s'agit d'obésité, et à plus de 40 d'obésité morbide. Néanmoins, cet IMC ne tient pas compte des différentes compositions du corps : masse graisseuse, masse musculaire, masse osseuse et teneur en eau. Par exemple, une personne très musclée aura un IMC élevé alors qu'elle ne sera pas en surpoids.

CALCUL DE L'IMC

$$\frac{\textbf{POIDS (en kg)}}{\textbf{TAILLE (en m)}^2}$$

Pour réellement savoir si vous avez un excès de gras VOUS POUVEZ :

- **Mesurer votre pourcentage de masse graisseuse** en faisant un bilan impédencemétrie, chez un professionnel de préférence, grâce à une balance qui permet d'évaluer la répartition des différentes masses du corps : un taux normal de masse grasse, à jeun, doit être compris entre 21 et 34 % chez la femme (de moins de 60 ans) et entre 8 et 22 % chez l'homme (de moins de 60 ans).

À NOTER

Lorsque l'on est en surpoids, améliorer son alimentation afin de retrouver son poids de forme permet de ne pas évoluer vers l'obésité, facteur de risque de plusieurs maladies et très lié à l'apparition du diabète.

- **Mesurer votre tour de taille à l'aide d'un mètre ruban,** toujours à jeun, à mi-distance entre le point le plus bas de la dernière côte et le point le plus haut de la hanche : un bon indicateur de la graisse dite « viscérale », c'est-à-dire qui se situe au niveau abdominal, logée autour des organes vitaux, signe de mauvaises graisses stockées. Si la graisse abdominale est trop importante, le risque de développer certaines maladies est augmenté : diabète, troubles cardio-vasculaires, infarctus, cancers... Selon les normes européennes, on parle d'excès de gras avec risque pour la santé lorsque les mesures dépassent 80 cm chez la femme et 94 cm chez l'homme.

Quelles solutions pour réduire son tour de taille ?

Le gras logé au niveau du ventre est souvent dû à une consommation excessive d'aliments à index glycémique élevé et d'aliments trop riches en graisses saturées.

Pour y remédier:

- **UNE ALIMENTATION ÉQUILIBRÉE**

Rééquilibrer son alimentation pour diminuer l'excès de poids, et donc son taux de masse graisseuse.

- **UN FAIBLE IG**

Diminuer l'IG des repas, en consommant en majorité des aliments à IG bas ou modéré.

- **UN BON APPORT EN LIPIDES**

Bien choisir son apport en lipides, en privilégiant les acides gras insaturés (huile d'olive, de colza, de lin, amandes, noix, graines oléagineuses, poissons gras, avocat…) et en limitant les acides gras saturés (beurre, fromage, viande grasse…).

- **DES ALIMENTS RICHES EN FIBRES**

Augmenter les aliments riches en fibres qui permettent de réguler l'absorption intestinale des glucides : fruits, légumes, légumineuses, oléagineux…

- **DIMINUTION DES SUCRES RAPIDES**

Réduire fortement les sucres rapides pour éviter une augmentation trop brutale de l'insuline.

- **UNE ACTIVITÉ SPORTIVE RÉGULIÈRE**

Intégrer une activité endurante, de bonne intensité et de façon régulière. Une marche après le repas est une bonne habitude à prendre : elle permet d'atténuer le taux de glucose dans le sang qui s'élève quand on a mangé.

- **MIEUX DORMIR POUR MOINS MANGER**

Bien dormir : un manque de sommeil favorise la sécrétion de ghréline, une hormone qui stimule l'appétit, et diminue la sécrétion de leptine, l'« hormone de la satiété ».

LES MALADIES *cardio-vasculaires*

LES RISQUES DES MALADIES CARDIO-VASCULAIRES

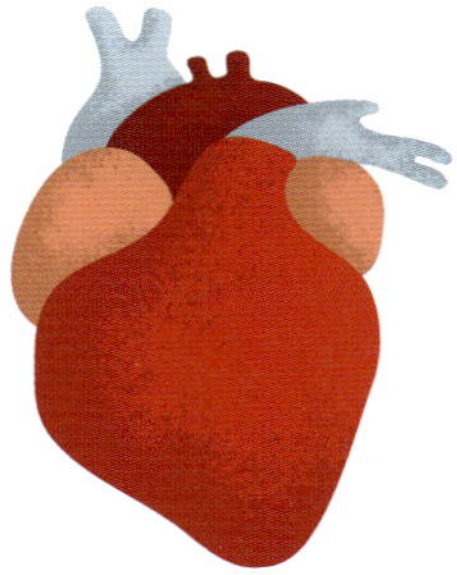

Première cause de mortalité dans le monde, les maladies cardio-vasculaires, maladies touchant le cœur et les artères, sont le résultat de dépôts de graisses sur les parois des artères qui gênent la bonne circulation du sang. Le cerveau et le cœur sont alors moins alimentés, et c'est ce qui peut entraîner un accident vasculaire cérébral (AVC) ou un infarctus du myocarde. Le risque héréditaire existe mais on peut agir sur plusieurs facteurs qui augmentent le risque cardio-vasculaire : l'hypertension, le diabète, l'obésité, l'hypercholestérolémie (taux élevé de cholestérol), la sédentarité, le stress, le tabac, l'alcool.

Quelles solutions pour diminuer les risques de maladies cardio-vasculaires ?

- **DIMINUER LES MAUVAISES GRAISSES**

On réduit les aliments riches en acides gras saturés, on supprime le plus possible les acides gras trans et on augmente les aliments riches en oméga 3, 6 et 9. La consommation d'oméga 3 permet de diminuer la pression artérielle.

- **APPORTER DES VITAMINES A, C, E ET DES MINÉRAUX ANTIOXYDANTS**

Des fruits rouges, en particulier les myrtilles riches en flavonoïdes ; les baies d'açaï, un super-aliment antioxydant ; la mangue, la nectarine, l'abricot et le raisin ont aussi une très bonne capacité antioxydante ; le pamplemousse et la pomme diminuent le mauvais cholestérol et sont bons pour le cœur ; la grenade (notamment son jus) est bonne pour la santé cardio-vasculaire grâce à sa richesse en polyphénols ; le chocolat noir avec 70 % de cacao minimum a une capacité antioxydante importante grâce à ses flavonoïdes ; les fruits secs et oléagineux ainsi que les légumes tels que les choux, la betterave, le brocoli, la carotte, l'asperge... sont également très riches en antioxydants.

- **CONSOMMER DES LÉGUMINEUSES**

Intégrer des légumineuses (lentilles, pois cassés, flageolets, pois chiches, haricots rouges et blancs, fèves...) au moins 3 à 4 fois par semaine : pas de graisses saturées et une très bonne source de fibres et de potassium.

- **FAIRE DU SPORT**

Pratiquer une activité physique qui demande une accélération du rythme cardiaque.

- **SE RELAXER**

Diminuer le stress chronique grâce à des méthodes de relaxation.

- **DIMINUER FORTEMENT L'ALCOOL ET LE TABAC**

LES *cancers*

LES RISQUES DE DÉVELOPPER UN CANCER

Les personnes en excès de poids ont plus de probabilité de développer un cancer.

La survenue de cancers résulte de plusieurs facteurs différents, parfois génétiques, souvent en rapport avec le mode de vie : la consommation d'alcool, le tabac, une exposition à certains produits chimiques, virus ou bactéries, une alimentation déséquilibrée... Il est d'ailleurs prouvé que les personnes en excès de poids ont plus de probabilité de développer un cancer. Même si d'autres causes que l'alimentation interviennent dans l'apparition des cancers, ce que l'on mange peut agir efficacement pour diminuer les risques.

Quelles solutions pour diminuer le risque de cancer ?

- **DES ALIMENTS RICHES EN FIBRES VÉGÉTALES**

Consommer des aliments riches en fibres végétales, ayant un effet protecteur contre certains cancers, en particulier celui du côlon.

- **DES FRUITS ET LÉGUMES TOUS LES JOURS**

Consommer des fruits et légumes chaque jour. Plusieurs études ont montré une diminution du risque de cancers chez les personnes qui consomment suffisamment de fruits et légumes. Les choux et les brocolis, grâce à leurs cocktail d'antioxydants et de fibres, sont reconnus pour leurs effets bénéfiques dans la prévention de certains types de cancers.

- **DES ALIMENTS DE QUALITÉ**

Choisissez des aliments de qualité, d'agriculture biologique ou raisonnée, afin d'éviter les dangers des pesticides sur la santé ; ainsi que des aliments peu transformés pour limiter la consommation d'additifs chimiques.

- **CONTRÔLER LA TENEUR EN GRAS DE VOS REPAS**

Une alimentation trop riche en graisses saturées accentue le risque de certains cancers. Donnez une place moins importante à la viande et privilégiez d'autres sources de protéines : poisson, fruits de mer, tofu, légumes secs qui sont naturellement faibles en acides gras saturés. Préférez cuisiner avec des huiles végétales de qualité riches en acides gras insaturés, les protecteurs de nos artères, et adoptez une alimentation à dominante végétale.

- **DIMINUER LES ALIMENTS FUMÉS, GRILLÉS AU BARBECUE ET FRITS**

Les hautes températures et la méthode du fumage (qu'on retrouve dans le saumon fumé par exemple) produisent des substances toxiques et potentiellement cancérigènes.

TROUBLES *intestinaux*

PRENDRE SOIN DE SON MICROBIOTE ET FACILITER SA DIGESTION

La fin de la digestion des aliments que nous mangeons se fait au niveau de nos intestins, il paraît alors logique que lorsqu'on adopte une mauvaise alimentation, nos intestins et notre flore intestinale (ou microbiote) qui les peuple soient touchés. Cette digestion, qui dépend de la qualité de notre flore intestinale et des aliments consommés, aura des répercussions sur notre santé physique et mentale.

SANTÉ PHYSIQUE

Physique car si le corps absorbe correctement les bons nutriments, il sera plus en forme et plus protégé face aux agressions.

SANTÉ MENTALE

Mentale, car une mauvaise digestion par les bactéries intestinales diminue la sécrétion de sérotonine, la fameuse hormone du bien-être, produisant des troubles de l'humeur, une mauvaise concentration, et accentuent le stress, l'anxiété et la dépression.

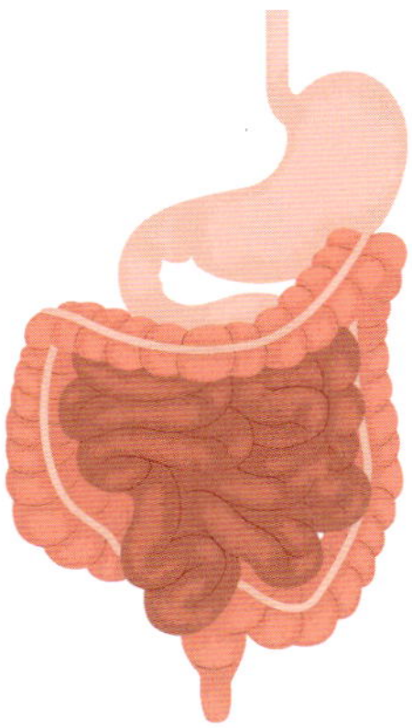

Quand nos intestins marchent bien, nous allons bien

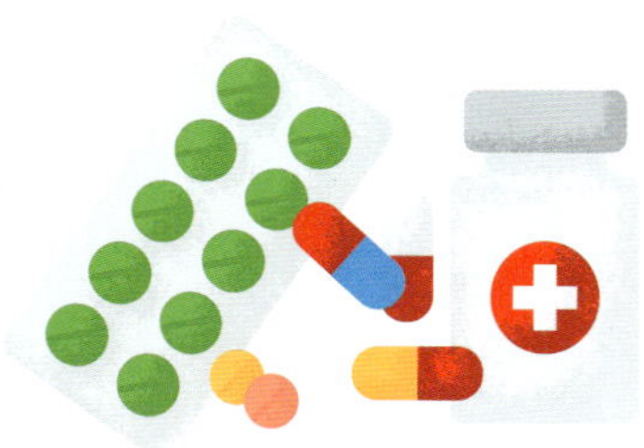

Le problème, c'est lorsque la flore intestinale a été modifiée : à cause de la prise de médicaments (notamment d'antibiotiques) ou d'une prise de poids importante. Une flore abîmée expose à certains troubles intestinaux (constipation, diarrhée, intolérances alimentaires...), à une plus grande sensibilité aux infections et à des risques de maladies inflammatoires chroniques de l'intestin.

Quelles solutions pour améliorer sa santé intestinale ?

- **UNE ALIMENTATION ÉQUILIBRÉE**

Agir sur l'équilibre de votre alimentation et diminuer ainsi l'excès de poids, s'il existe.

- **CONSOMMER DES ALIMENTS BONS POUR LE MICROBIOTE**

Des produits fermentés tels que les yaourts, fromages, kéfir, kombucha, choucroute, miso ; des aliments riches en fibres, des céréales complètes et des légumineuses ; et des aliments qui agissent comme des pré- et pro-biotiques, capables d'améliorer les bactéries bénéfiques de l'intestin, tels que l'ail, l'oignon, l'échalote, le miel, l'artichaut, le poireau.

- **ÉVITER LES ALIMENTS NÉFASTES POUR LE MICROBIOTE**

Des produits ultra transformés, trop gras, trop sucrés ; des boissons sucrées ou alcoolisées et l'excès de viande rouge et de charcuterie sont néfastes pour le microbiote.

- **PRENDRE SOIN DE SA FLORE INTESTINALE**

Reconstruire sa flore intestinale par des cures de prébiotiques et probiotiques pour stimuler et augmenter l'activité des bactéries intestinales.

Bon pour le microbiote

Mauvais pour le microbiote

6 L'ALIMENTATION saine en pratique

ON *augmente*

les légumineuses

Lentilles, haricots blancs, haricots rouges, pois chiches, pois cassés, petits pois, lupins, flageolets, fèves.

2 fois
PAR SEMAINE

COMMENT ?

À la place des protéines animales, en les associant à des céréales complètes (riz et lentilles-quinoa et pois chiches-boulgour et haricots rouges) ou en accompagnement de poisson, volaille, œufs, viande…

les fruits oléagineux

Noix, noisettes, noix de cajou, noix du Brésil, noix de pécan, amandes, pistache.

1 poignée
PAR JOUR

COMMENT ?

En les intégrant le matin dans un muesli, un granola ou un porridge ; dans un des repas principaux de la journée (dans une salade complète, un bowl végétarien…) ou en collation l'après-midi avec un fruit frais, par exemple.

les poissons gras

Saumon, thon, hareng, maquereau, truite, sardine ; accompagnés des huiles de colza, lin, noix et chanvre (en alternance avec l'huile d'olive riche en oméga 9)

1 fois
PAR SEMAINE

COMMENT ?

Intégrez le poisson dans un plat complet le midi ou le soir, accompagné de légumes et\ou de féculents. Ajoutez de l'huile riche en oméga 3 en assaisonnement, non chauffée, pour en préserver les effets.

les fruits & légumes

Tous les fruits et légumes frais, surgelés, en conserve, nature, cuits ou crus, en privilégiant les fruits et légumes de saison et bio.

COMMENT ?

Pour les légumes, en les consommant crus : râpés, en bâtonnets, en rondelles, ou cuits à la vapeur, à la poêle anti-adhésive, au four, à l'autocuiseur (on privilégie les cuissons douces) avec des herbes fraîches, des épices et un filet d'huile végétale. On peut les intégrer dans des recettes comme un wok, des tartes, des gratins, des soupes, des purées...

Pour les fruits, il y a largement plus de bénéfices à les consommer crus, mais il est possible, de temps en temps, de les remplacer par une compote maison (ou sans sucre ajouté).

5 portions
PAR JOUR

Une portion équivaut à 80-100 g, soit à 1 pomme, 1 petite banane, 2 abricots, 1 tomate, 1 carotte...

Comment en manger 5 portions par jour ?

On pense à manger un fruit au petit-déjeuner et au goûter, à commencer son repas par une crudité, à miser sur les soupes de légumes au dîner...

les céréales complètes

Au moins
1 portion
PAR JOUR

Pâtes complètes, pain complet, riz complet ou semi-complet, riz brun, riz sauvage, boulgour, quinoa, flocons d'avoine, orge, millet, épeautre et petit-épeautre, pain au seigle complet...

COMMENT ?

En remplaçant les versions raffinées ou « blanches » par leurs versions « complètes ». On les consomme en plat principal avec des légumes et en association avec une portion de légumineuses ou en accompagnement d'une portion de poisson, volaille, œufs, viande et de légumes. On les cuisine avec des herbes fraîches, des épices, des sauces maison légères (sauce tomate, sauce à base de crème végétale) et on évite les sauces grasses ou industrielles ainsi que l'ajout systématique de fromage.

ON *réduit*

la viande et la charcuterie

Les viandes à base de bœuf, veau, porc, agneau, mouton, les abats et les charcuteries (saucisson, jambon cru et sec, jambon blanc et de volaille, saucisses, lardons, bacon).

COMMENT ?

En consommant d'autres sources de protéines : des œufs, du poisson, des fruits de mer, de la volaille, des légumineuses, des céréales complètes..

500 g de viande maximum par semaine

et 150 g maximum de charcuterie par semaine.

le sel

Le sel de table, les charcuteries, le fromage, le pain, les plats préparés, les biscuits apéritifs, les soupes déshydratées...

MAXIMUM
5g de sel
PAR JOUR

COMMENT ?

On goûte son plat avant de saler, on limite le sel dans les eaux de cuisson, on relève le goût des plats en ajoutant des herbes aromatiques, du poivre et des épices.

les produits laitiers

Yaourt, lait, fromage blanc, lait fermenté et fromage, au lait de brebis, vache ou chèvre..

COMMENT ?

À prendre à la fin d'un repas, au petit déjeuner ou à intégrer dans une recette : du fromage dans un gratin ou une quiche.

2 produits laitiers
PAR JOUR

pour les adultes au lieu de 3 recommandés auparavant.

Attention : Le beurre, la crème fraîche et les desserts lactés tels que les crèmes desserts ne sont pas considérés comme une portion de produit laitier.

Le moins souvent possible

pour dépanner occasionnellement et par plaisir.

Les aliments ultra transformés, les boissons sucrées, les aliments gras, sucrés, salés

Les gâteaux, certaines céréales de petit déjeuner, sodas, boissons sucrées, plats préparés, biscuits apéritifs, pizzas surgelées, nuggets, cordon bleu, yaourts à boire, crèmes desserts, confiseries et tous les produits alimentaires qui ont subi des procédés industriels de transformation et qui contiennent une longue liste d'ingrédients, dont des additifs.

COMMENT ?

On privilégie la cuisine maison avec des aliments bruts et naturels. Pour les aliments transformés, choisissez ceux qui ne contiennent pas d'additif, à base de céréales non raffinées pour les produits céréaliers et avec des doses de sucres, de graisses et de sel correctes.

On n'oublie pas

BOUGER

De l'endurance, de la souplesse, du renforcement musculaire... **au moins 30 minutes par jour** d'activité d'intensité modérée. Évitez également les trop longs moments assis derrière un écran : marchez un peu toutes les 2 heures.

BOIRE

1,5 l en moyenne par jour d'eau plate, des infusions, du thé et du café (sans excès) non sucrés.

Glossaire

ACIDES AMINÉS

Constituants essentiels du corps humain après l'eau. Molécules qui sont à la base des cellules du corps, donc essentielles au bon fonctionnement de nos organes.

ACIDES GRAS INSATURÉS

Considérés comme les "bons gras", ce sont les oméga 3, 6 et 9.
Ils sont protecteurs de nos artères, et évitent les maladies cardio-vasculaires.

ACIDES GRAS SATURÉS

Considérés comme les "mauvais gras", ils sont majoritairement présents dans les graisses d'origine animale, telles que le beurre, la crème fraîche, les fromages, la charcuterie, excepté celles issues des poissons.
Ils ont tendance à favoriser le cholestérol et à augmenter les risques de maladies cardio-vasculaires.

ACIDES GRAS TRANS

Acides gras insaturés, produits en grandes quantités par la transformation industrielle des huiles. Les acides gras "trans" apparaissent à la suite d'une transformation synthétique (l'hydrogénation) opérée dans l'industrie agro-alimentaire, pour donner une meilleure tenue, rendre plus solide et moins sensible à l'oxydation.

ANTIOXYDANT

Qui empêche ou ralentit l'oxydation en neutralisant les radicaux libres.
Les antioxydants sont des protecteurs qui évitent que nos cellules s'oxydent, donc qu'elles vieillissent.

CALORIE

Quantité d'énergie apportée au corps par les aliments ingérés. Les calories servent de carburant au corps, qui ne cesse d'ingérer et de dépenser des calories tout au long de la journée.

DIURÉTIQUE

Qui augmente la sécrétion urinaire.

ÉDULCORANT

Produit ou substance (de synthèse le plus souvent) ayant un goût sucré. Le plus souvent, les édulcorants sont destinés à apporter un goût sucré à un aliment, sans les calories.

FIBRE

Partie d'un aliment d'origine végétale. Les fibres sont indispensables au bon fonctionnement du transit intestinal et à la santé globale des humains.

GLUCIDE

Principal nutriment énergétique, aussi appelé “sucre”.

GLUTEN

Protéine qui constituent la plupart des céréales, et qui est responsable de l'élasticité d'une pâte.

HYDROGÉNATION

Procédé chimique qui consiste en l'addition d'une molécule de dihydrogène à un autre composé. Ce procédé permet de conserver les huiles plus longtemps et de les rendre plus solides.

INDEX GLYCÉMIQUE (IG)

Capacité d'un aliment à augmenter la glycémie, c'est-à-dire la concentration de glucose dans le sang. L'index glycémique d'un aliment se mesure par rapport à celui du glucose, qui est de 100.

LACTOSE

Sucre contenu naturellement dans le lait.

LIPIDE

Matière grasse dans un aliment.

MICROBIOTE INTESTINAL OU FLORE INTESTINALE

Ensemble des micro-organismes qui se trouvent dans le tube digestif.

POLYPHÉNOLS

Composés chimiques très présents dans les végétaux, avec un fort pouvoir antioxydant.

PRÉBIOTIQUE OU PROBIOTIQUE

Qui contient des micro-organismes vivants (bactéries, levures) exerçant un effet bénéfique sur le microbiote intestinal, et donc l'organisme, qui les ingère.

PROTÉINE

Constituant essentiel des êtres vivants, participant au renouvellement des tissus musculaires, de la matrice osseuse, de la peau...

RAFFINÉ (SUCRE, CÉRÉALE...)

Élément auquel on a retiré les nutriments. Le but du raffinage est de prévenir l'altération des aliments, en supprimant des substances réactives pour pouvoir les conserver. Les aliments raffinés sont de faible densité nutritionnelle.

Les recettes

RECETTES d'automne

LES HARICOTS DE PAIMPOL SONT PARTICULIÈREMENT RICHES EN PROTÉINES VÉGÉTALES, EN FIBRES ET EN FER, TOUT COMME LES HARICOTS BLANCS QUI PEUVENT TRÈS BIEN SE SUBSTITUER À CETTE RECETTE.

ENTRÉE

SALADE DE HARICOTS FRAIS PIMENTÉS AUX *herbes fraîches*

INGRÉDIENTS

1 kg de haricots de Paimpol frais

1 oignon

5 cl d'huile d'olive

1 branche de thym

1 branche de romarin

2 gousses d'ail

1 tomate

1 petit bout de piment rouge

POUR LA SALADE :

2 échalotes

4 c. à s. de persil plat

4 c. à s. de basilic

4 c. à s. de ciboulette

10 pétales de tomates confites

5 cl d'huile d'olive

5 cl de vinaigre de vin rouge

Sel

Piment d'Espelette

Quantité : **4 personnes**

Préparation : **15 min**

Cuisson : **35 min**

1. Écossez les haricots.
2. Faites suer l'oignon émincé à l'huile d'olive avec le thym, le romarin et les gousses d'ail.
3. Ajoutez les haricots et la tomate coupée en cubes.
4. Ajoutez de l'eau à hauteur et le bout de piment et laissez cuire 30 min à frémissements. Assaisonnez.
5. Mettez les haricots tièdes sans trop de jus dans un saladier.
6. Ajoutez les échalotes et les herbes ciselées, les tomates confites hachées, l'huile d'olive et le vinaigre de vin.
7. Assaisonnez la salade de haricots et servez-la tiède.

UNE RECETTE RICHE EN ANTIOXYDANTS GRÂCE AU BUTTERNUT QUI CONTIENT UNE BONNE QUANTITÉ DE BÊTA-CAROTÈNE ET AUX NOISETTES QUI APPORTENT DE LA VITAMINE E.

ENTRÉE

CAPPUCCINO DE BUTTERNUT À LA *noisette*

INGRÉDIENTS

800 g de butternut

1 oignon

5 cl d'huile d'olive

50 g de céleri branche

1 cm de gingembre frais

1 l de bouillon de légumes ou de volaille

2 gousses d'ail

15 cl de crème fraîche liquide

1 pincée de curcuma en poudre

¼ de botte de coriandre

Sel

Piment d'Espelette

Quantité : **4 personnes**

Préparation : **15 min**

Cuisson : **45 min**

1. Émincez l'oignon et faites-le suer à l'huile d'olive.
2. Ajoutez le céleri émincé et le gingembre haché.
3. Ajoutez la butternut coupée en cubes de 2 cm.
4. Laissez compoter une vingtaine de minutes.
5. Assaisonnez et ajoutez le bouillon et les gousses d'ail.
6. Faites cuire une quinzaine de minutes et mixez pour obtenir une soupe veloutée.
7. Fouettez la crème bien froide pour obtenir une chantilly. Assaisonnez la chantilly.
8. Servez le velouté de butternut tiède, et posez dessus la chantilly avec le curcuma et la coriandre hachée.

LES HARICOTS TARBAIS FONT PARTIE DE LA FAMILLE DES LÉGUMINEUSES ET ONT DE NOMBREUX AVANTAGES NUTRITIONNELS (FER, CALCIUM, PROTÉINES...) ET UN INDEX GLYCÉMIQUE BAS, À PRIVILÉGIER POUR ÉVITER LES FRINGALES !

Houmous DE HARICOTS TARBAIS, POIVRONS GRILLÉS, GRAINES DE GRENADE

INGRÉDIENTS

POUR LA CUISSON DES HARICOTS :

200 g de haricots tarbais

50 g de carotte

½ oignon

1 clou de girofle

1 branche de thym

Sel

POUR LE HOUMOUS :

Le jus de **1** citron jaune

2 gousses d'ail

50 g de pâte de sésame tahine

POUR LES FINITIONS :

2 c. à s. de graines de grenade

1 c. à s. de persil plat

1 filet d'huile d'olive

Quantité : **4 personnes**

Préparation : **15 min**

Cuisson : **2 H**

1. Trempez les haricots secs pendant 6 h dans de l'eau froide pour les réhydrater.
2. Mettez les haricots dans une casserole avec de l'eau froide avec la carotte et l'oignon coupés en cubes, le clou de girofle et la branche de thym.
3. Portez à ébullition et laissez cuire 2 h à frémissements. Salez en fin de cuisson.
4. Laissez refroidir les haricots dans leur eau de cuisson.
5. Égouttez les haricots et mixez-les avec le jus de citron, l'ail et la pâte de sésame. Assaisonnez à votre goût.
6. Ajoutez en finition les graines de grenade, le persil plat et un filet d'huile d'olive.

L'ASSOCIATION LENTILLES-QUINOA PERMET D'OBTENIR DES PROTÉINES DE QUALITÉ, AVEC TOUS LES ACIDES AMINÉS ESSENTIELS DONT L'ORGANISME A BESOIN POUR BIEN FONCTIONNER !

ENTRÉE

SALADE TIÈDE DE QUINOA ET LENTILLES, *truite fumée*

INGRÉDIENTS

POUR LES LENTILLES :

150 g de lentilles

1 oignon

1 branche de thym

50 g de céleri branche

5 cl d'huile d'olive

2 gousses d'ail

POUR LE QUINOA :

100 g de quinoa

Gros sel de mer

POUR LA SALADE :

1 échalote

½ botte de ciboulette

2 c. à s. de persil plat

100 g de truite fumée

5 cl d'huile d'olive

5 cl de vinaigre de vin rouge

Sel

Piment d'Espelette

Quantité : **4 personnes**

Préparation : **25 min**

Cuisson : **45 min**

1. Faites revenir l'oignon, le thym et le céleri émincé à l'huile d'olive.
2. Ajoutez l'ail et les lentilles puis mouillez à hauteur.
3. Laissez cuire les lentilles 25 min à feu doux. Assaisonnez en fin de cuisson.
4. Faites cuire le quinoa dans de l'eau bouillante salée selon les indications du paquet. Égouttez et laissez refroidir.
5. Mélangez le quinoa et les lentilles.
6. Ajoutez l'échalote ciselée, les herbes hachées et la truite fumée. Assaisonnez et ajoutez l'huile d'olive et le vinaigre de vin rouge.
7. Servez la salade tiède.

PLAT

COCOTTE DE LÉGUMES ET FRUITS D'AUTOMNE AU *lard paysan*

INGRÉDIENTS

- **200 g** de bon lard fumé
- **2** oignons moyen
- **1** branche de thym
- **1** branche de romarin
- **8** gousses d'ail
- **10 cl** d'huile d'olive
- **1** carotte
- **200 g** de potimarron
- **100 g** de céleri boule
- **1** pomme
- **1** coing
- **1** poire
- **1 c. à s.** de graines de grenade
- **Persil plat**
- **Sel**
- **Piment d'Espelette**

Quantité : **4 personnes**

Préparation : **25 min**

Cuisson : **40 min**

1. Découpez le lard en 4 morceaux et faites-les colorer sur toutes les faces dans une cocotte en fonte à l'huile d'olive.
2. Ajoutez les oignons coupés en quartier, le thym, le romarin et les gousses d'ail en chemise.
3. Ajoutez la carotte, le potimarron et le céleri coupés en gros morceaux. Laissez mijoter une dizaine de minutes dans la cocotte fermée.
4. Ajoutez la pomme, le coing et la poire coupés en quartiers avec leur peau mais sans les pépins.
5. Assaisonnez et faites cuire 20 à 25 min à feu moyen dans la cocotte fermée. Vérifiez la cuisson à l'aide de la pointe d'un couteau.
6. Ajoutez les graines de grenade et un peu de persil plat. Servez aussitôt.

POUR UNE VERSION VÉGÉTARIENNE, QUELQUES NOISETTES CONCASSÉES ET PRÉALABLEMENT GRILLÉES POURRONT REMPLACER LE LARD.

PLAT

Pizza CHÈVRE ET FIGUES

INGRÉDIENTS

POUR LA PÂTE À PIZZA :

350 g de farine semi-complète

200 g d'eau

10 g de levure de boulanger fraîche

5 g de sel

30 g d'huile d'olive

POUR LA COMPOTÉE D'OIGNONS :

4 oignons

5 cl d'huile d'olive

1 branche de thym

4 gousses d'ail

Sel

Piment d'Espelette

POUR LA GARNITURE :

200 g de fromage de chèvre

6 figues fraîches

2 branches de romarin

5 cl d'huile d'olive

Quantité : **4 personnes**

Préparation : **25 min**

Cuisson : **25 min**

1. Préparez la pâte à pizza en mélangeant tous les ingrédients à la main ou au batteur pendant 5 min. Laissez pousser la pâte 2 h avec un torchon dessus. La pâte doit doubler de volume.
2. Épluchez et taillez finement les oignons. Faites-les revenir doucement à l'huile d'olive. Ajoutez la branche de thym et l'ail haché. Assaisonnez et laissez cuire à couvert 30min à feu doux.
3. Préchauffez votre four à 220 °C.
4. Chassez l'air de la pâte à pizza, étalez-la au rouleau et disposez-la sur une plaque à pizza.
5. Ajoutez la compotée d'oignons dessus et parsemez de morceaux de chèvre, de quartiers de figues, de romarin haché et arrosez d'un filet d'huile d'olive.
6. Faites cuire votre pizza 20 min environ.

L'UTILISATION D'UNE FARINE COMPLÈTE OU SEMI-COMPLÈTE PERMET DE DIMINUER L'IG DU PLAT. PETITE ASTUCE POUR BAISSER ENCORE PLUS L'IG DE LA RECETTE : ACCOMPAGNEZ VOTRE PIZZA DE SALADE VERTE ET SAUPOUDREZ-LA DE GRAINES DE LIN OU DE TOURNESOL. GRAS ET FIBRES DIMINUENT L'ABSORPTION DES GLUCIDES.

PLAT

Magret de canard aux figues fraîches, purée de potimarron

INGRÉDIENTS

2 magrets de canard

8 figues fraîches

1 c. à c. de miel

1 branche de thym citron

1 c. à c. de cumin en poudre

5 cl de porto rouge

Sel

POUR LA PURÉE DE POTIMARRON :

1 kg de potimarron

40 g de beurre

30 cl de lait

1 pincée de noix de muscade râpée

Sel

Poivre

Quantité : **4 personnes**

Préparation : **20 min**

Cuisson : **40 min**

1. Salez les magrets de canard et posez-les côté peau dans une poêle froide.
2. Chauffez au minimum la poêle pour faire fondre la graisse le plus doucement possible pendant 30 min environ. Évacuez la graisse au fur et à mesure.
3. Dans une cocotte, faites revenir doucement le potimarron coupé en cubes dans le beurre.
4. Ajoutez le lait, l'assaisonnement et la noix de muscade râpée. Laissez cuire à couvert pendant une vingtaine de minutes.
5. Augmentez le feu pour colorer la peau des magrets, et retirez la graisse de la poêle.
6. Retournez les magrets pour les colorer à feu vif pendant 2 min côté chair. Laissez reposer les magrets sur une grille.
7. Faites sauter les figues dans une poêle à feu vif avec le miel, le thym et le cumin. Déglacez au porto. Laissez réduire le jus pour glacer les figues.
8. Mixez les cubes de potimarron pour obtenir une purée.

POUR UNE VERSION VÉGÉTARIENNE, VOUS POUVEZ REMPLACER LE MAGRET PAR DU SEITAN, UN BON SUBSTITUT DE LA VIANDE AUSSI BIEN POUR LES PROTÉINES QUE POUR LA TEXTURE.

PLAT

GRATIN DE COURGES AU *romarin*

INGRÉDIENTS

- **500 g** de butternut
- **500 g** de potimarron
- **50 g** de beurre
- **4** gousses d'ail
- **2** branches de romarin
- **100 g** de crème liquide
- **1** pincée de noix de muscade râpée
- **120 g** d'emmental ou de parmesan râpé
- **Sel**
- **Piment d'Espelette**

Quantité : **4 personnes**

Préparation : **15 min**

Cuisson : **1 H**

1. Épluchez la courge butternut et coupez-la en gros cubes. Coupez le potimarron en gros cubes sans l'éplucher.
2. Faites fondre le beurre dans une cocotte et versez dedans les morceaux de courges avec les gousses d'ail et les branches de romarin. Assaisonnez.
3. Laissez compoter 30 min sans couvercle. Préchauffez votre four à 180 °C.
4. Écrasez les courges à la fourchette en ajoutant la crème liquide et la noix de muscade râpée.
5. Mettez la préparation dans un plat à gratin et saupoudrez de fromage râpé. Gratinez au four 30 min.

POUR UN PLAT COMPLET ET VÉGÉTARIEN, PARSEMEZ LE GRATIN D'UN MÉLANGE DE GRAINES GRILLÉES AU MOMENT DE LE DÉGUSTER, ET ACCOMPAGNEZ-LE D'UNE PETITE SALADE D'ENDIVES ET DE LÉGUMINEUSES.

PLAT

Dorade
RÔTIE AUX AROMATES

INGRÉDIENTS

4 dorades grises

2 oignons

200 g de champignons de Paris

8 gousses d'ail

4 branches de thym

1 branche de romarin

1 citron jaune

10 cl d'huile d'olive

Sel

Piment d'Espelette

Quantité : **4 personnes**

Préparation : **20 min**

Cuisson : **20 min**

1. Préchauffez votre four à 220 °C.
2. Dans un plat à gratin, placez les oignons et les champignons coupés en fines lamelles, les gousses d'ail en chemise, le thym et le romarin. Assaisonnez et ajoutez un filet d'huile d'olive.
3. Enfournez une vingtaine de minutes pour colorer les légumes.
4. Sortez le plat du four et ajoutez dessus les dorades salées.
5. Disposez des tranches de citron sur les dorades et ajoutez un filet d'huile d'olive.
6. Enfournez une quinzaine de minutes.

ACCOMPAGNEZ CETTE DORADE RÔTIE DE QUINOA EN RISOTTO ET FAITES-VOUS PLAISIR EN AJOUTANT LES ÉPICES ET AROMATES QUE VOUS AIMEZ.

PLAT

Lasagnes AUX LÉGUMES D'AUTOMNE

INGRÉDIENTS

POUR LA SAUCE BÉCHAMEL :

40 g de beurre

60 g de farine

1 l de lait

1 pincée de noix de muscade râpée

Sel

POUR LES LASAGNES :

250 g de lasagnes crues

500 g d'épinard

500 g de poireaux

600 g de butternut

200 g d'emmental râpé

Sel

Piment d'Espelette

Quantité : **4 personnes**

Préparation : **25 min**

Cuisson : **1 H**

1. Préparez la sauce Béchamel en faisant fondre le beurre dans une petite casserole, puis ajoutez la farine et faites cuire 3 min à feu moyen. Ajoutez le lait froid et fouettez jusqu'à épaississement de la sauce. Assaisonnez et ajoutez la noix de muscade râpée.

2. Faites sauter les feuilles d'épinard très rapidement à l'huile d'olive et assaisonnez légèrement. Émincez finement les poireaux et faites-les revenir doucement à l'huile d'olive dans une casserole couverte pour en faire une fondue. Assaisonnez et ajoutez la béchamel.

3. Épluchez et coupez finement la courge butternut, et faites revenir quelques minutes à l'huile d'olive. Assaisonnez.

4. Préchauffez votre four à 170 °C. Dans un plat à gratin, versez une fine couche de sauce Béchamel au poireau.

5. Ajoutez une couche de lasagnes crues et alternez les couches d'épinard, de butternut, de béchamel et de lasagnes. Terminez par une couche de sauce Béchamel et ajoutez dessus le fromage râpé.

6. Enfournez vos lasagnes 60 min à 170 °C.

UN PLAT RICHE EN FIBRES
ET BON POUR RÉGULER LE TRANSIT
INTESTINAL GRÂCE À L'ASSOCIATION
DE TOUS CES LÉGUMES.

PLAT

GNOCCHI DE POTIMARRON À LA *sauge*

INGRÉDIENTS

550 g de potimarron

1 œuf

1 jaune d'œuf

1 pincée de noix de muscade râpée

350 g de farine semi-complète

Sel

Poivre

POUR LA FINITION :

25 g de beurre

6 feuilles de sauge

2 gousses d'ail

50 g de copeaux de parmesan

¼ de botte de ciboulette

Sel

Piment d'Espelette

Quantité : **4 personnes**

Préparation : **30 min**

Cuisson : **40 min**

1. Coupez le potimarron en gros dés avec la peau. Faites cuire le potimarron dans de l'eau bouillante salée pendant une vingtaine de minutes. Vérifiez la cuisson avec la pointe d'un couteau.
2. Égouttez bien les dés de potimarron et passez-les au presse-purée. Desséchez la purée une dizaine de minutes à feu moyen dans une cocotte pour sécher la pulpe.
3. Laissez tiédir la pulpe de potimarron et ajoutez l'œuf, le jaune d'œuf et la noix de muscade râpée. Ajoutez la farine et travaillez la pâte avec une spatule pour obtenir une pâte à gnocchi homogène. Rectifiez l'assaisonnement.
4. Façonnez la pâte en un boudin de 2 cm d'épaisseur, et découpez-y des tranches de 3 cm d'épaisseur. Ajoutez un peu de farine sur le plan de travail si la pâte colle. Façonnez les gnocchi à la fourchette.
5. Pochez les gnocchi dans de l'eau bouillante salée, et lorsqu'ils remontent à la surface, sortez-les et égouttez-les.
6. Dans une cocotte, faites fondre le beurre avec la sauge et les gousses d'ail en chemise. Faites dorer les gnocchi.
7. Terminez en ajoutant les copeaux de parmesan, la ciboulette ciselée et le piment d'Espelette.

VOUS POUVEZ ACCOMPAGNER CE PLAT VÉGÉTARIEN D'UNE BELLE SALADE VERTE AVEC DES FIGUES ET DES GRAINES GRILLÉES. CES GNOCCHI DE POTIMARRON SERONT AUSSI LA GARNITURE IDÉALE D'UNE VIANDE OU D'UNE VOLAILLE RÔTIE.

PLAT

Wok DE BŒUF AUX LÉGUMES

INGRÉDIENTS

400 g de rumsteck de bœuf

5 cl d'huile

1 cm de gingembre frais

4 gousses d'ail

1 bâton de citronnelle

1 oignon

1 poivron rouge

1 carotte

200 g de champignons de Paris

300 g de brocolis

5 cl d'huile de sésame grillé

5 cl de sauce soja

1 c. à s. de graines de sésame

½ botte de coriandre

Sel

Piment d'Espelette

Quantité : **4 personnes**

Préparation : **20 min**

Cuisson : **20 min**

1. Découpez le rumsteck en cubes de 2 cm.
2. Faites chauffer dans une poêle l'huile avec le gingembre haché, l'ail haché et la citronnelle pour parfumer l'huile.
3. Ajoutez les cubes de viande et faites-les colorer rapidement pour les garder rosés. Débarrassez dans une assiette.
4. Mettez dans la poêle l'oignon et le poivron coupés en lamelles.
5. Ajoutez la carotte émincée et les champignons coupés en quartiers.
6. Terminez par les brocolis et rajoutez la viande. Assaisonnez légèrement.
7. Ajoutez l'huile de sésame grillé et la sauce soja.
8. Finissez en ajoutant les graines de sésame et la coriandre hachée.

ACCOMPAGNEZ VOTRE WOK DE RIZ BRUN POUR UN PLAT COMPLET ET POUR UNE VERSION VÉGÉTARIENNE, REMPLACEZ LE BŒUF PAR DES CUBES DE TOFU FUMÉ.

PLAT

COUSCOUS DE *légumes*

INGRÉDIENTS

2 oignons moyen

10 cl d'huile d'olive

1 c. à s. de ras el-hanout

1 c. à c. de curcuma en poudre

1 g de safran

2 carottes

200 g de potimarron

4 navets

1 courgette

1 petit bouquet de persil

100 g de pois chiches cuits

Sel

Piment d'Espelette

POUR LA SEMOULE :

300 g de semoule de blé moyen

5 cl d'huile d'olive

Sel

Quantité : **4 personnes**

Préparation : **20 min**

Cuisson : **1 H 30**

1. Faites suer les oignons coupés en gros quartiers à l'huile d'olive.
2. Ajoutez le ras el-hanout, le curcuma et le safran. Laissez mijoter 5 min à feu moyen. Ajoutez les carottes, le potimarron et les navets coupés en morceaux. Ajoutez la courgette coupée en gros morceaux de 4 cm.
3. Mouillez à hauteur, portez à ébullition et rectifiez l'assaisonnement. Ajoutez des queues de persil. Laissez mijoter pendant 1 h à frémissements.
4. Ajoutez les pois chiches.
5. Mettez la semoule dans un saladier, ajoutez l'huile d'olive et un peu de sel.
6. Versez de l'eau bouillante, 2 cm au-dessus du niveau de la semoule. Couvrez avec un torchon propre et laissez gonfler.
7. Servez le couscous avec la semoule.

UN PLAT ÉNERGÉTIQUE ET NOURRISSANT GRÂCE À LA BONNE TENEUR EN PROTÉINES VÉGÉTALES APPORTÉE PAR LES POIS CHICHES ASSOCIÉS À LA SEMOULE.

PLAT

BURGER DE LÉGUMES ET GALETTE DE *légumes rôtis*

INGRÉDIENTS

POUR LE STEAK VÉGÉTAL :

300 g de patate douce

100 g de quinoa

150 g de champignons de Paris

1 oignon

5 cl d'huile d'olive

1 œuf

50 g de farine

1 c. à c. de cumin en poudre

2 gousses d'ail

50 g de parmesan en poudre

4 branches de coriandre

Sel

Piment d'Espelette

POUR LA SAUCE :

2 c. à s. de ketchup

1 c. à s. de miel

2 c. à s. de moutarde en grains

POUR LE BURGER :

4 pains burger rustique

1 oignon rouge

50 g de pousses d'épinard

Quantité : **4 personnes**

Préparation : **25 min**

Cuisson : **20 min**

1. Commencez par cuire la patate douce en morceaux dans de l'eau bouillante salée. Égouttez et réservez.
2. Faites cuire le quinoa dans de l'eau bouillante salée selon les indications du paquet, puis égouttez-le.
3. Faites sauter les champignons préalablement coupés en lamelles avec l'oignon haché et un peu d'huile d'olive. Assaisonnez.
4. Écrasez les morceaux de patate douce dans un saladier à l'aide d'une fourchette ou d'un presse-purée.
5. Ajoutez le quinoa, l'huile d'olive, l'œuf, la farine, le cumin, l'ail haché, le parmesan et la coriandre hachée. Assaisonnez et façonnez comme des steaks.
6. Faites cuire les steaks végétaux 3 min sur chaque face à l'huile d'olive.
7. Faites la sauce en mélangeant le ketchup, le miel et la moutarde.
8. Chauffez l'intérieur des pains à burgers. Mettez de la sauce sur chaque face intérieure des pains.
9. Montez les burgers avec le steak végétal, l'oignon rouge émincé, les épinards crus et les champignons. Posez le chapeau du pain dessus et tassez légèrement.

LA PATATE DOUCE A DE MULTIPLES VERTUS : TRÈS ANTIOXYDANTE POUR UNE BONNE PROTECTION CONTRE CERTAINS CANCERS.

PLAT

Falafels EXPRESS

INGRÉDIENTS

400 g de pois chiches cuits

1 oignon rouge

3 gousses d'ail

2 branches de persil plat

2 c. à s. de farine

1 c. à s. de cumin en grains

2 c. à s. d'huile d'olive

1 œuf

Sel

Piment d'Espelette

Le jus de **1** citron vert

Huile de friture

POUR LA SAUCE D'ACCOMPAGNEMENT :

1 yaourt

1 citron vert

1 gousse d'ail

2 c. à s. de coriandre

Quantité : **4 personnes**

Préparation : **20 min**

Cuisson : **10 min**

1. Écrasez à la fourchette les pois chiches et ajoutez l'oignon rouge et l'ail hachés, le persil plat ciselé, la farine, le cumin, l'huile d'olive et l'œuf. Assaisonnez.
2. Façonnez des petites boulettes de pois chiches et faites-les frire à la poêle.
3. Égouttez les falafels sur un papier absorbant et arrosez-les du jus de citron vert.
4. Préparez votre sauce d'accompagnement en mélangeant le yaourt avec le zeste et le jus du citron vert, l'ail haché et la coriandre hachée.
5. Dégustez les falafels avec la sauce au yaourt.

POUR UN PLAT COMPLET, ACCOMPAGNEZ VOS FALAFELS DE LÉGUMES (CHOU ROUGE RÂPÉ, CAROTTES, ROQUETTE...) ET DE CÉRÉALES COMPLÈTES (BOULGOUR, PETIT ÉPEAUTRE...)

PLAT

PASTILLAS DE BLETTES ET *champignons*

INGRÉDIENTS

1 botte de blettes

350 g de champignons de Paris

10 cl d'huile d'olive

2 gousses d'ail

100 g de tomates confites

50 g de pignons de pin

4 feuilles de brick

Sel

Piment d'Espelette

Quantité : **4 personnes**

Préparation : **25 min**

Cuisson : **25 min**

1. Préparez les blettes en séparant les côtes et les feuilles. Lavez le tout.
2. Émincez les champignons et faites-les sauter rapidement à l'huile d'olive. Assaisonnez et réservez.
3. Découpez les côtes de blettes en petits cubes et faites-les sauter à l'huile d'olive avec un peu d'ail. Ajoutez les feuilles de blettes et faites sauter le tout pendant 5 min. Ajoutez hors du feu les tomates confites coupées en morceaux, les pignons de pin et les champignons.
4. Badigeonnez les feuilles de brick d'huile d'olive.
5. Garnissez les feuilles de brick du mélange blettes et champignons.
6. Pliez les feuilles de brick pour en faire des chaussons.
7. Faites colorer les pastillas dans une poêle à l'huile d'olive.

POUR CONSTITUER UN REPAS COMPLET, ACCOMPAGNEZ LES PASTILLAS D'UNE BELLE SALADE VERTE AVEC UN MÉLANGE DE GRAINES GRILLÉES ET DE LÉGUMINEUSES.

PLAT

Croque
CHÈVRE, BETTERAVE ET ROQUETTE

INGRÉDIENTS

8 tranches de pain de mie aux graines

300 g de betteraves cuites

300 g de fromage de chèvre type sainte-maure de Touraine

100 g de pesto

50 g de roquette

5 cl d'huile d'olive

Quantité : **4 personnes**

Préparation : **10 min**

Cuisson : **5 min**

1. Taillez les betteraves en lamelles de 5 mm d'épaisseur.
2. Taillez le fromage de chèvre en tranches de 1 cm d'épaisseur.
3. Mettez vos tranches de pain de mie à plat et badigeonnez-les de pesto.
4. Sur 4 tranches de pain de mie, ajoutez les lamelles de betteraves et les tranches de fromage de chèvre.
5. Posez dessus de la roquette et remettez dessus une tranche de pain de mie avec la tranche au pesto face à la roquette. Tassez légèrement.
6. Badigeonnez les faces extérieures du croque-monsieur avec un peu d'huile d'olive.
7. Faites cuire les croque-monsieur à la poêle sur chaque face pendant 3 min à feu moyen pour les colorer.

LA BETTERAVE CONTIENT
DES COMPOSÉS ANTIOXYDANTS
AUX PROPRIÉTÉS ANTICANCER.

PLAT

Lieu CONFIT AU CITRON, RISOTTO DE CHAMPIGNONS

INGRÉDIENTS

POUR LE RISOTTO :

300 g de riz arborio

1 oignon

5 cl d'huile d'olive

1 branche de thym

200 g de champignons de Paris

1 verre de vin blanc sec

1 l de bouillon de légumes

50 g de parmesan râpé

POUR LES PAVÉS DE LIEU :

4 pavés de lieu jaune ou noir avec peau

2 citrons jaunes

5 cl d'huile d'olive

1 branche de romarin

Sel

Piment d'Espelette

Quantité : **4 personnes**

Préparation : **25 min**

Cuisson : **40 min**

1. Hachez l'oignon et faites-le revenir à l'huile d'olive avec le thym. Ajoutez les champignons émincés et faites-les colorer légèrement.
2. Ajoutez le riz arborio et faites-le revenir 5 min. Assaisonnez.
3. Déglacez au vin blanc et laissez réduire.
4. Ajoutez le bouillon progressivement et laissez cuire le riz 18 min. Terminez le risotto en ajoutant le parmesan râpé.
5. Préchauffez votre four à 65 °C.
6. Pelez à vif les citrons et coupez-les en tranches fines.
7. Salez les pavés de lieu et faites-les colorer côté peau à l'huile d'olive. Posez les pavés de lieu côté peau sur le dessus dans un plat à gratin et recouvrez-les de tranches de citron et de romarin.
8. Enfournez 25 min.
9. Posez vos pavés de lieu au citron sur votre risotto au champignons et assaisonnez.

VOUS POUVEZ AJOUTER UN PEU DE GINGEMBRE ET DE CURCUMA FRAIS RÂPÉS SUR VOTRE RISOTTO AU MOMENT DE SERVIR, POUR LEURS EFFETS ANTIOXYDANTS.

PLAT

Risotto AUX LÉGUMES RÔTIS

Quantité : **4 personnes**

Préparation : **20 min**

Cuisson : **25 min**

INGRÉDIENTS

POUR LES LÉGUMES RÔTIS :

200 g de champignons de Paris

1 branche de céleri

1 oignon

1 carotte

8 gousses d'ail

5 cl d'huile d'olive

1 branche de romarin

1 branche de thym

Sel

Piment d'Espelette

POUR LE RISOTTO :

300 g de riz arborio

1 oignon

5 cl d'huile d'olive

1 verre de vin blanc sec

1 l de bouillon de légumes

80 g de parmesan en poudre

Sel

Poivre du moulin

POUR LES FINITIONS :

50 g de copeaux de parmesan

1 c. à s. de persil plat ciselé

1. Préchauffez votre four à 190 °C.
2. Épluchez les légumes et lavez-les. Découpez les légumes en morceaux de 2 cm, et gardez les gousses d'ail entières.
3. Mettez tous les légumes dans un plat à gratin. Ajoutez l'huile d'olive, l'assaisonnement et les herbes aromatiques. Enfournez 20 à 30 min pour les rôtir.
4. Hachez l'oignon pour le risotto et faites-le revenir 5 min à l'huile d'olive. Ajoutez le riz et faites revenir 5 min de plus.
5. Déglacez au vin blanc et laissez réduire.
6. Ajoutez le bouillon progressivement et laissez cuire 18 min à frémissements. Assaisonnez.
7. À la fin de cuisson, ajoutez le parmesan.
8. Servez le risotto avec les légumes rôtis. Ajoutez dessus des copeaux de parmesan et le persil plat ciselé.

LES CHAMPIGNONS FONT PARTIE DES LÉGUMES LES PLUS PROTÉINÉS, ILS SONT SOUVENT UTILISÉS DANS LES PLATS VÉGÉTARIENS.

PLAT

Poulet
SAUCE D'ENFER, MAÏS GRILLÉ

INGRÉDIENTS

4 cuisses de poulet fermier

4 épis de maïs doux

Sel

POUR LA MARINADE :

5 cl d'huile d'olive

Le jus de **1** citron vert

4 branches de thym

4 branches de romarin

1 c. à s. de paprika doux en poudre

POUR LA SAUCE D'ENFER :

4 échalotes

40 g de beurre

10 cl de vinaigre blanc

1 c. à c. de poivre concassé

1 gousse d'ail

1 c. à c. d'estragon haché

20 cl de coulis de tomate

Tabasco

Quantité : **4 personnes**

Préparation : **25 min**

Cuisson : **50 min**

1. Préchauffez votre four à 180 °C.
2. Salez et faites mariner vos cuisses de poulet avec l'huile d'olive, le jus de citron vert, les herbes aromatiques et le paprika.
3. Enfournez 45 min environ.
4. Faites cuire le maïs dans de l'eau bouillante salée pendant 5 min.
5. Ajoutez les épis de maïs avec les cuisses de poulet pour les rôtir une quinzaine de minutes.
6. Préparez la sauce : faites revenir les échalotes hachées au beurre pendant 10 min à feu doux. Déglacez au vinaigre et ajoutez le poivre, l'ail et l'estragon hachés.
7. Laissez mijoter 10 min et ajoutez le coulis de tomates. Ajoutez quelques gouttes de Tabasco.
8. Dégustez le poulet avec le maïs et la sauce d'enfer.

ACCOMPAGNEZ VOTRE POULET D'UNE PETITE SALADE D'ENDIVES AUX GRAINES DE GRENADE, POUR AVOIR UN BON APPORT EN FIBRES.

PLAT

RIZ SAUTÉ AUX CHAMPIGNONS, *œufs marinés*

INGRÉDIENTS

POUR LES ŒUFS MARINÉS :

4 œufs

5 cl de mirin

5 cl de sauce soja

POUR LE RIZ SAUTÉ :

600 g de riz complet cuit

4 échalotes

5 cl d'huile d'olive

4 gousses d'ail

250 g de champignons de Paris

5 cl d'huile de sésame grillé

Le jus de **1** citron vert

¼ de botte de persil plat

Sel

Piment d'Espelette

Quantité : **4 personnes**

Préparation : **25 min**

Cuisson : **25 min**

1. Plongez les œufs dans une casserole d'eau frémissante pendant 6 min.
2. Refroidissez et écalez les œufs. Faites-les ensuite mariner dans le mirin et la sauce soja quelques heures au réfrigérateur.
3. Faites sauter les échalotes émincées à l'huile d'olive sur feu vif pour les caraméliser.
4. Ajoutez l'ail et les champignons de Paris préalablement coupés.
5. Ajoutez le riz et faites-le colorer pour le rendre croustillant.
6. Terminez en ajoutant un peu d'huile de sésame grillé et le jus de citron vert.
7. Ajoutez le persil plat et assaisonnez.
8. Ajoutez les œufs marinés sur le riz croustillant et dégustez aussitôt.

ON TROUVE UNE TRÈS BONNE PROPORTION DES 9 ACIDES AMINÉS ESSENTIELS DANS LES ŒUFS, QUI OFFRENT AUSSI DES VITAMINES INDISPENSABLES COMME LA B12 ET LA VITAMINE D.

PLAT

Curry
DE VOLAILLE, RIZ BASMATI

INGRÉDIENTS

4 cuisses de poulet fermier

350 g de riz basmati

5 cl d'huile d'olive

1 gros oignon

1 bâton de citronnelle

2 cm de gingembre frais

4 gousses d'ail

1 c. à s. de curry en poudre

1 banane

100 g d'ananas

1 pomme

1 citron vert

20 cl de lait de coco

20 cl de bouillon de volaille

¼ de botte de coriandre

Sel

Poivre

Quantité : **4 personnes**

Préparation : **20 min**

Cuisson : **1 H 20**

1. Trempez le riz basmati dans de l'eau froide.
2. Coupez les cuisses de poulet en deux et salez-les. Colorez-les dans une poêle ou un wok à l'huile d'olive. Ajoutez l'oignon émincé, la citronnelle, le gingembre et l'ail hachés, le curry en poudre. Faites mijoter le tout 5 min à feu moyen.
3. Ajoutez la banane, l'ananas et la pomme coupés en petits cubes. Ajoutez le jus de citron vert. Prélevez le zeste et réservez.
4. Mouillez avec le lait de coco et le bouillon. Assaisonnez et laissez cuire à couvert pendant 45 min environ.
5. Faites cuire le riz basmati dans de l'eau bouillante salée selon les indications du paquet.
6. Au moment de servir, ajoutez de la coriandre hachée et le zeste de citron vert. Accompagnez le curry de volaille de riz.

REMPLACEZ LA VOLAILLE PAR DES POIS CHICHES POUR UN CURRY VÉGÉTARIEN.

LE SUCRE DE COCO APPORTE DES POLYPHÉNOLS AU POUVOIR ANTIOXYDANT, ET A UNE BONNE TENEUR EN POTASSIUM, ZINC ET FER.

DESSERT

DOUBLE POMME RÔTIE AU *citron*

INGRÉDIENTS

2 pommes Gala

2 pommes Golden

2 jaunes d'œufs

Le zeste de **1** citron jaune

2 c. à s. de sucre de coco

POUR LA FINITION :

2 c. à s. de sucre de coco

40 g de beurre

Quantité : **4 personnes**

Préparation : **20 min**

Cuisson : **45 min**

1. Préchauffez votre four à 160 °C.
2. Coupez les pommes Gala en deux de façon horizontale et réservez.
3. Épluchez les pommes Golden et râpez-les. Ajoutez les jaunes d'œufs, le zeste de citron et le sucre.
4. Placez les pommes râpées en petits dômes sur les moitiés de pommes. Saupoudrez de sucre et posez dessus un petit morceau de beurre.
5. Enfournez 45 min.
6. Dégustez les pommes rôties encore tièdes.

LA FIGUE EST TRÈS NUTRITIVE, ELLE EST CONCENTRÉE EN POTASSIUM ET CALCIUM, ET C'EST DANS SA PEAU QUE SE TROUVE LA MAJORITÉ DE SES ANTIOXYDANTS !

Figues RÔTIES, FROMAGE DE BREBIS

INGRÉDIENTS

- **12** belles figues violettes
- **3 cl** d'huile d'olive
- **2 c. à s.** de miel
- **Pistaches**
- **Quelques** feuilles de verveine
- **100 g** de caillé de brebis

Quantité : **4 personnes**

Préparation : **10 min**

Cuisson : **10 min**

1. Préchauffez votre four à 220 °C.
2. Lavez vos figues et retirez les queues. Fendez légèrement en croix sur 1 cm la partie queue et posez les figues dans un plat à gratin.
3. Ajoutez un filet d'huile d'olive et de miel sur les figues.
4. Saupoudrez-les d'un peu de pistaches hachées.
5. Enfournez les figues 5 min.
6. Sortez les figues du four et laissez-les tiédir 5 min.
7. Ajoutez au cœur des figues une petite cuillérée de caillé de brebis égoutté.
8. Décorez avec quelques feuilles de verveine finement ciselées.

LA POIRE A UN BON EFFET RASSASIANT GRÂCE À SES FIBRES ET À SON INDEX GLYCÉMIQUE BAS. UNE RECETTE TRÈS ANTIOXYDANTE GRÂCE À L'EXCELLENT COCKTAIL D'ÉPICES : GINGEMBRE, CURCUMA, CANNELLE, ANIS ÉTOILÉ.

DESSERT

TAJINE DE *poires*

INGRÉDIENTS

6 poires Williams

50 g d'amandes effilées

30 g de beurre

1 c. à s. de miel

1 anis étoilé

1 c. à c. de gingembre en poudre

½ c. à c. de curcuma en poudre

½ c. à c. de cannelle en poudre

Quantité : **4 personnes**

Préparation : **15 min**

Cuisson : **40 min**

1. Préchauffez votre four à 140 °C et faites dorer vos amandes effilées pendant 25 min environ.
2. Épluchez vos poires et coupez-les en deux. Retirez les pépins.
3. Faites-les revenir doucement dans une poêle au beurre avec le miel pendant 5 min.
4. Ajoutez l'anis étoilé, le gingembre, le curcuma et la cannelle.
5. Laissez confire à feu très doux pendant une vingtaine de minutes.
6. Servez avec les amandes grillées.

LE COING EST BON POUR LES INTESTINS ET GRÂCE AUX PECTINES ET FIBRES QU'IL CONTIENT, IL PERMET DE DIMINUER L'INDEX GLYCÉMIQUE ET LE TAUX DE CHOLESTÉROL.

TATIN DE COINGS À *l'hibiscus*

INGRÉDIENTS

1,5 kg de coings bien mûrs

80 g de beurre

100 g de sucre de coco

1 c. à s. de fleurs d'hibiscus séchées

1 pâte feuilletée

Quantité : **4 personnes**

Préparation : **25 min**

Cuisson : **50 min**

1. Épluchez les coings et coupez-les en quartiers. Retirez les pépins.
2. Faites sauter les coings dans une poêle avec le beurre, le sucre et les fleurs d'hibiscus. Laissez caraméliser les coings, puis laissez-les tiédir avant de les mettre dans un moule à gâteau type manqué en retirant les fleurs d'hibiscus.
3. Posez dessus délicatement la pâte feuilletée et enfournez pour 35 min environ.
4. Démoulez la tarte Tatin encore tiède.

RECETTES *d'hiver*

PARSEMEZ VOTRE CRÈME DE GRAINES DE COURGES, ELLES REGORGENT DE BIENFAITS POUR LA SANTÉ, ELLES SONT EN PARTICULIER RICHES EN FER ET EN MAGNÉSIUM, PARFAIT POUR LUTTER CONTRE LA FATIGUE HIVERNALE !

ENTRÉE

CRÈME DE LÉGUMES *oubliés*

INGRÉDIENTS

1 oignon

1 carotte

200 g de panais

100 g de rutabaga ou de navet boule d'or

100 g de poireau

100 g de topinambour

5 cl d'huile d'olive

1 gousse d'ail

1 branche de thym

1,5 l de bouillon de légumes

1 branche de persil plat

Quelques croûtons

Sel

Piment d'Espelette

Quantité : **4 personnes**

Préparation : **20 min**

Cuisson : **40 min**

1. Épluchez et lavez vos légumes. Taillez-les en cubes.
2. Faites-les revenir une vingtaine de minutes à l'huile d'olive sur feu moyen. Assaisonnez.
3. Ajoutez l'ail haché et la branche de thym.
4. Mouillez avec le bouillon et laissez cuire une vingtaine de minutes à frémissements.
5. Mixez la soupe et vérifiez l'assaisonnement.
6. Au moment de servir, ajoutez le persil plat et les croûtons.

SI VOUS L'AIMEZ, AJOUTEZ UN PEU DE GINGEMBRE FRAIS RÂPÉ DANS VOTRE CEVICHE, POUR UNE ENTRÉE ENCORE PLUS RICHE EN ANTIOXYDANTS.

ENTRÉE

Ceviche DE LIEU À LA BETTERAVE ET POMMES

INGRÉDIENTS

- **250 g** de lieu sans la peau
- **200 g** de betterave
- **2** pommes vertes
- **2** citrons jaunes
- **1** oignon rouge
- **1/3** de botte de coriandre
- **Huile d'olive**
- **10** brins de ciboulette
- **Fleur de sel**

Quantité : **4 personnes**

Préparation : **15 min**

1. Coupez le poisson en petits cubes de 1 cm.
2. Taillez en très fines lamelles la betterave à l'aide d'une mandoline.
3. Coupez les pommes vertes en fines allumettes avec la peau.
4. Dans un saladier, mélangez délicatement le poisson avec les jus et zestes de citron et l'assaisonnement.
5. Émincez très finement l'oignon rouge.
6. Ajoutez les allumettes de pommes, la coriandre hachée et l'oignon rouge émincé au poisson.
7. Dressez vos assiettes en disposant le poisson sur les betteraves.
8. Ajoutez un filet d'huile d'olive, de la ciboulette ciselée finement et un peu de fleur de sel.

LE BON GRAS DES NOIX ET LES TANINS CONTENUS DANS LA GRENADE ONT UN EFFET PROTECTEUR CONTRE LES MALADIES CARDIO-VASCULAIRES.

ENTRÉE

Rémoulade D'ENDIVES, MIMOLETTE ET VINAIGRETTE AU MIEL

HIVER

INGRÉDIENTS

2 endives blanches

1 endive violette

1 pomme verte

100 g de vieille mimolette

16 cerneaux de noix

½ grenade

1 branche de persil plat

POUR LA VINAIGRETTE AU MIEL :

2 c. à s. de miel

5 cl de jus de citron jaune

5 cl d'huile de colza

Sel

Piment d'Espelette

Quantité : **4 personnes**

Préparation : **15 min**

1. Préparez votre vinaigrette en mélangeant tous les ingrédients et assaisonnez.
2. Coupez en deux les endives et retirez le tronçon. Coupez les endives dans la longueur et mettez-les dans un saladier.
3. Ajoutez la pomme verte coupée en fins bâtonnets.
4. Ajoutez la vinaigrette au miel et vérifiez l'assaisonnement.
5. Disposez la salade dans de jolies assiettes et ajoutez dessus des copeaux de mimolette, des éclats de noix et des graines de grenade. Terminez par un peu de persil plat ciselé.

TOUS LES CHOUX CONTIENNENT D'EXCELLENTS NUTRIMENTS : RICHES EN VITAMINE K, CALCIUM, FIBRES... ILS SONT BONS POUR LES INTESTINS ET STIMULENT LE SYSTÈME IMMUNITAIRE.

ENTRÉE

SALADE DE CHOUX FAÇON *thaïe*

INGRÉDIENTS

POUR LA SALADE DE CHOUX :

200 g de chou kale

200 g de chou blanc

200 g de chou rouge

1 c. à s. de graines de sésame grillées

¼ de botte de coriandre

Sel

Piment d'Espelette

POUR LA VINAIGRETTE THAÏE :

20 g de gingembre frais

¼ de bâton de citronnelle

2 gousses d'ail haché

1 petit bout de piment rouge ou quelques gouttes de Tabasco

10 cl de sauce soja

25 g d'huile de sésame grillé

50 g d'huile d'olive ou d'huile d'arachide

Le jus de **2** citrons verts

Quantité : **4 personnes**

Préparation : **30 min**

1. Préparez la vinaigrette en mettant tous les éléments dans un blender et en mixant fortement. Passez au chinois la vinaigrette.
2. Enlevez les côtes des choux et coupez-les finement.
3. Ajoutez la vinaigrette et laissez mariner la salade 20 min.
4. Au moment de servir, ajoutez des graines de sésame grillées et de la coriandre hachée.

PLAT

ENDIVES MIJOTÉES À L'ORANGE, *couscous*

INGRÉDIENTS

4 endives

1 oignon

50 g de beurre

3 oranges

POUR LA SEMOULE :

300 g de semoule de blé moyen

5 cl d'huile d'olive

Sel

Quantité : **4 personnes**

Préparation : **15 min**

Cuisson : **40 min**

1. Lavez et coupez vos endives en deux. Émincez-les finement.
2. Faites suer l'oignon finement émincé au beurre pendant une dizaine de minutes.
3. Ajoutez les endives et faites-les revenir 5 min de plus.
4. Ajoutez le zeste d'une orange et le jus des 3 oranges.
5. Laissez mijoter 30 min pour confire l'ensemble.
6. Mettez la semoule dans un saladier, ajoutez-y l'huile d'olive et un peu de sel.
7. Versez de l'eau bouillante 2 cm au-dessus du niveau de la semoule. Couvrez d'un torchon et laissez gonfler la semoule.
8. Servez les endives à l'orange avec la semoule.

POUR UN APPORT COMPLET EN PROTÉINES VÉGÉTALES, AJOUTEZ DES POIS CHICHES À CETTE RECETTE !

PLAT

Nasi goreng
AUX CHAMPIGNONS ET HERBES FRAÎCHES

INGRÉDIENTS

- **280 g** de riz complet
- **1** oignon
- **4** gousses d'ail
- **5 cl** d'huile d'olive
- **1** carotte
- **300 g** de champignons de Paris
- **100 g** de chou vert
- **2 c. à s.** de sauce soja
- **1/3** de botte de ciboulette
- **Sel**
- **Piment d'Espelette**

Quantité : **4 personnes**

Préparation : **15 min**

Cuisson : **35 min**

1. Faites cuire le riz complet dans de l'eau bouillante selon les indications du paquet. Égouttez et réservez.
2. Faites colorer l'oignon et l'ail émincés à l'huile d'olive pendant 5 min dans un wok.
3. Ajoutez la carotte et les champignons émincés. Faites colorer et ajoutez le chou émincé.
4. Ajoutez le riz et faites sauter le tout à feu vif. Assaisonnez.
5. Terminez en ajoutant la sauce soja et la ciboulette ciselée.

LE RIZ COMPLET A UN TRÈS BON ÉQUILIBRE EN ACIDES AMINÉS ESSENTIELS, UN MEILLEUR INDEX GLYCÉMIQUE ET PLUS DE VITAMINES ET DE FIBRES QUE LE RIZ BLANC.

PLAT

Chili
SIN CARNE

INGRÉDIENTS

- **800 g** de haricots rouges en boîte
- **2** oignons
- **5 cl** d'huile d'olive
- **1 c. à s.** de cumin en grains
- **1 c. à s.** de paprika en poudre
- **4** gousses d'ail
- **400 g** de tomates concassées
- ½ botte de coriandre
- **Sel**
- **Piment d'Espelette**

Quantité : **4 personnes**

Préparation : **15 min**

Cuisson : **35 min**

1. Épluchez et ciselez les oignons. Faites-les suer dans une poêle à l'huile d'olive.
2. Ajoutez le cumin et le paprika.
3. Ajoutez l'ail haché et les haricots rouges.
4. Laissez mijoter 5 min et ajoutez les tomates concassées.
5. Assaisonnez et laissez mijoter 20 min.
6. Au moment de servir, ajoutez la coriandre hachée.

EN AJOUTANT DU RIZ BASMATI COMPLET À LA RECETTE, VOUS BÉNÉFICIEZ D'UN PLAT NUTRITIF ET RASSASIANT, AVEC DES PROTÉINES VÉGÉTALES COMPLÈTES.

PLAT

JAMBALAYA DE *légumes d'hiver*

INGRÉDIENTS

- **300 g** de riz complet
- **1** oignon
- **1** branche de céleri
- **10 cl** d'huile d'olive
- **200 g** de champignons de Paris
- **2** gousses d'ail
- **1** poireau
- **1** carotte
- **1** panais
- **1** l de bouillon de légumes
- **Tabasco**
- **3** clous de girofle
- **1** branche de thym
- **1** feuille de laurier
- **2** branches de persil plat
- **Sel**
- **Piment d'Espelette**

Quantité : **4 personnes**

Préparation : **25 min**

Cuisson : **45 min**

1. Faites tremper le riz dans de l'eau froide.
2. Faites revenir l'oignon et le céleri émincés à l'huile d'olive. Ajoutez les champignons émincés et faites-les revenir pour les colorer. Ajoutez l'ail haché, le poireau émincé grossièrement, la carotte et le panais émincés finement.
3. Égouttez le riz, puis ajoutez-le aux légumes et laissez mijoter 5 min.
4. Recouvrez de bouillon. Assaisonnez et ajoutez quelques gouttes de Tabasco, les clous de girofles, le thym et le laurier.
5. Laissez cuire une vingtaine de minutes à couvert.
6. Au moment de servir, parsemez de persil ciselé.

LA RECETTE ORIGINALE COMPREND DES MORCEAUX DE CUISSES DE POULET, DES DÉS DE JAMBON ET DES CREVETTES. VOUS POUVEZ EN AJOUTER UN PEU ICI, LE PLAT RESTERA PARFAITEMENT ÉQUILIBRÉ !

PLAT

ROUGAIL *saucisses*

INGRÉDIENTS

- **2** saucisses fumées type Montbéliard
- **5 cl** d'huile d'olive
- **2** oignons
- **4** gousses d'ail
- **1 cm** de gingembre frais
- **700 g** de tomates concassées
- **2** branches de persil plat
- **Sel**
- **Piment d'Espelette**

Quantité : **4 personnes**

Préparation : **20 min**

Cuisson : **45 min**

1. Mettez les saucisses dans l'eau froide et portez à ébullition pour les blanchir et enlever un peu le goût de fumé. Découpez-les en morceaux de 2 à 3 cm.
2. Faites-les colorer à l'huile d'olive dans une cocotte à feu vif.
3. Ajoutez les oignons hachés et faites-les dorer à feu moyen.
4. Ajoutez l'ail et le gingembre hachés et faites revenir 5 min de plus.
5. Ajoutez les tomates concassées et un peu d'eau, et laissez mijoter 20 min.
6. Au moment de servir, parsemez de persil plat ciselé.

L'ACCOMPAGNEMENT PARFAIT DE CE ROUGAIL EST UN RIZ CRÉOLE TOUT SIMPLE, C'EST-À-DIRE UN RIZ BLANC CUIT À L'EAU SALÉ. AJOUTEZ ÉGALEMENT UNE PETITE SALADE VERTE POUR APPORTER DES FIBRES.

PLAT

LASAGNES AUX LÉGUMES *oubliés*

INGRÉDIENTS

250 g de lasagnes crues

500 g d'épinard

400 g de panais

400 g de topinambours

400 g de rutabaga

5 cl d'huile d'olive

200 g d'emmental râpé

Sel

Piment d'Espelette

POUR LA SAUCE BÉCHAMEL :

40 g de beurre

60 g de farine

1 l de lait

1 pincée de noix de muscade râpée

Sel

Quantité : **4 personnes**

Préparation : **25 min**

Cuisson : **1 H**

1. Réalisez la sauce Béchamel en faisant fondre le beurre dans une petite casserole. Ajoutez la farine et laissez cuire 3 min à feu moyen. Ajoutez le lait froid et fouettez jusqu'à épaississement de la sauce. Assaisonnez et ajoutez la noix de muscade râpée.
2. Émincez finement les feuilles d'épinard et faites-les revenir doucement à l'huile d'olive à couvert pour en faire une fondue. Assaisonnez et ajoutez la béchamel.
3. Épluchez et coupez en fines tranches les panais, les topinambours et le rutabaga. Faites revenir les tranches quelques minutes à l'huile d'olive. Assaisonnez.
4. Dans un plat à gratin, mettez une fine couche de sauce Béchamel aux épinards.
5. Ajoutez une couche de lasagnes et alternez les couches de béchamel, de légumes oubliés et de lasagnes. Terminez par une couche de béchamel et ajoutez dessus l'emmental râpé.
6. Enfournez vos lasagnes pour 1 h de cuisson.

LES LÉGUMES D'HIVER SONT UN CONCENTRÉ DE MICRONUTRIMENTS : DU POTASSIUM ET DU MAGNÉSIUM POUR L'ÉPINARD, DES VITAMINES B POUR LE RUTABAGA ET DE L'INULINE, PRÉBIOTIQUE NATUREL, POUR LE TOPINAMBOUR !

PLAT

FEUILLES DE CHOU FARCIES *à l'agneau*

INGRÉDIENTS

1 chou vert

400 g d'agneau haché

2 gousses d'ail

1 oignon

2 branches de thym

Sel

Piment d'Espelette

POUR LA CUISSON DES FEUILLES DE CHOU FARCIES :

1 oignon

1 carotte

1 branche de thym

1 branche de romarin

5 cl d'huile d'olive

20 cl de bouillon de volaille

Quantité : **4 personnes**

Préparation : **25 min**

Cuisson : **25 min**

1. Détachez les feuilles du chou. Faites-les cuire à l'eau bouillante salée une dizaine de minutes. Refroidissez-les et égouttez-les.
2. Faites cuire le cœur du chou dans de l'eau bouillante salée. Égouttez-le et laissez refroidir.
3. Hachez le cœur du chou cuit et mélangez-le avec l'agneau haché.
4. Ajoutez l'ail et l'oignon hachés finement, le thym et l'assaisonnement.
5. Faites des petites boules de 50 g de farce et enveloppez-les de feuilles de chou. Ficelez pour maintenir le tout.
6. Faites suer à l'huile d'olive dans une cocotte l'oignon et la carotte émincés avec le thym et le romarin. Ajoutez délicatement les feuilles de chou farcies et le bouillon.
7. Laissez cuire le tout 30 min à feu doux à couvert.

POUR UNE VERSION VÉGÉTARIENNE, PRÉPARER UNE FARCE VÉGÉTARIENNE À BASE DE CHAMPIGNONS, POIREAU, QUINOA ET UN PEU DE FROMAGE POUR UN BON ÉQUILIBRE !

Mejadra

INGRÉDIENTS

- **250 g** de lentilles
- **2** oignons
- **100 g** de farine
- **Huile de tournesol**
- **250 g** de riz basmati
- **5 cl** d'huile d'olive
- **2 c. à c.** de cumin en grains
- **1 c. à c.** de curcuma en poudre
- **2 c. à s.** de coriandre en grains
- **50 cl** de bouillon de légumes
- **Coriandre**
- **Sel**

Quantité : **4 personnes**
Préparation : **20 min**
Cuisson : **45 min**

1. Faites cuire les lentilles une quinzaine de minutes dans de l'eau frémissante. En fin de cuisson, salez-les.
2. Émincez finement les oignons. Farinez-les et faites-les frire dans l'huile de tournesol bouillante. Égouttez sur du papier absorbant et salez légèrement.
3. Faites revenir le riz dans une cocotte à l'huile d'olive pendant 5 min.
4. Ajoutez les épices et laissez mijoter 5 min à feu doux.
5. Mouillez avec le bouillon et laissez cuire une dizaine de minutes à couvert.
6. Ajoutez les lentilles égouttées et laissez cuire une dizaine de minutes supplémentaires.
7. Lorsque c'est cuit, ajoutez la moitié des oignons frits à la préparation et mettez le tout dans un plat. Parsemez du reste des oignons frits.
8. Au moment de déguster, ajoutez un peu de coriandre hachée.

POUR ACCOMPAGNER CE PLAT DÉLICIEUX, VOUS POUVEZ PRÉPARER UNE SAUCE AU YAOURT AVEC DES ÉPICES, DES HERBES FRAÎCHES COMME DE LA MENTHE ET UN JUS DE CITRON.

VOUS POUVEZ AUSSI FAIRE UNE PETITE SALADE DE TOMATES AUX OIGNONS ET HUILE D'OLIVE AVEC UNE POINTE DE GINGEMBRE FRAIS.

PLAT

CROQUETTES DE POMMES DE TERRE FAÇON *parmentière*

INGRÉDIENTS

500 g de pommes de terre Bintje

75 g de beurre

3 œufs

1 pincée de noix de muscade râpée

Farine

Chapelure de pain blanche

Huile de tournesol

Sel

Piment d'Espelette

Quantité : **4 personnes**

Préparation : **20 min**

Cuisson : **45 min**

1. Lavez les pommes de terre et faites-les cuire au four à 140 °C pendant 1 h.
2. À la sortie du four, ouvrez les pommes de terre et récupérez la pulpe, et passez-la dans un moulin à purée.
3. Séparez les jaunes des blancs d'œufs. Réservez les blancs. Incorporez à la purée le beurre en morceaux et les 3 jaunes d'œufs.
4. Assaisonnez et ajoutez la noix de muscade râpée.
5. Façonnez des croquettes à l'aide d'une poche à douille et placez-les au réfrigérateur 1 h pour les raffermir.
6. Passez les croquettes dans la farine, puis les blancs d'œufs battus et enfin la chapelure.
7. Faites-les frire dans l'huile de tournesol bouillante.

ACCOMPAGNEZ CES CROQUETTES D'UNE BELLE SALADE VERTE AVEC UN MÉLANGE DE GRAINES GRILLÉES ET UNE VINAIGRETTE À L'HUILE DE NOIX. CELA PERMETTRA DE DIMINUER L'INDEX GLYCÉMIQUE DU PLAT !

POUR UN REPAS AVEC DES INVITÉS, CES CROQUETTES PEUVENT ACCOMPAGNER AUSSI UN PLAT DE VIANDE OU DE VOLAILLE SERVI AVEC DES LÉGUMES.

PLAT

TOURTE D'ÉPINARD *ricotta*

INGRÉDIENTS

- **1 kg** d'épinard
- **5 cl** d'huile d'olive
- **2** gousses d'ail
- **1** pincée de noix de muscade râpée
- **2** œufs
- **20 cl** de crème fraîche légère
- **2** pâtes feuilletées au beurre
- **50 g** de pignons de pin
- **200 g** de ricotta
- **1** œuf pour la dorure
- **Sel**
- **Piment d'Espelette**

Quantité : **4 personnes**

Préparation : **15 min**

Cuisson : **35 min**

1. Lavez et équeutez les feuilles d'épinard. Égouttez-les. Faites sauter vos épinards à l'huile d'olive avec l'ail haché. Assaisonnez et ajoutez la noix de muscade râpée. Laissez tiédir.
2. Préchauffez votre four à 170 °C.
3. Mélangez les œufs avec la crème fraîche et assaisonnez.
4. Mettez une pâte feuilletée dans une plat à tarte. Disposez dessus les épinards, les pignons de pin et la ricotta. Ajoutez le mélange œuf et crème sur la préparation.
5. Mouillez à l'eau le bord de la pâte et posez dessus la seconde pâte. Soudez bien les bords.
6. Battez l'œuf pour la dorure et dorez le dessus de la tourte à l'aide d'un pinceau. Quadrillez la pâte pour faire un décor et faites un petit trou au centre de la tourte pour permettre à l'humidité de s'échapper pendant la cuisson.
7. Enfournez la tourte environ 1 h.

POUR AMÉLIORER L'INDEX GLYCÉMIQUE DU PLAT : ACCOMPAGNEZ CETTE DÉLICIEUSE TOURTE ENCORE TIÈDE D'UNE SALADE D'ENDIVES, NOIX ET GRAINES DE GRENADE AVEC UNE VINAIGRETTE À L'HUILE DE NOIX.

PLAT

Tajine DE CAROTTES À L'OIGNON DOUX ET AUX AGRUMES

INGRÉDIENTS

- **1,2 kg** de carottes
- **2** gros oignons
- **5 cl** d'huile d'olive
- **1 c. à s.** de cumin en grains
- **1 c. à c.** de curcuma en poudre
- **1 g** de safran
- **1** citron jaune
- **1** orange
- **1** pamplemousse
- ½ citron confit
- **30 cl** de bouillon de légumes
- **Coriandre**
- **Sel**

Quantité : **4 personnes**

Préparation : **20 min**

Cuisson : **1 H**

1. Épluchez les oignons et les carottes.
2. Émincez les oignons et faites-les revenir à l'huile d'olive pendant une dizaine de minutes à feu doux.
3. Ajoutez les carottes finement émincées, le cumin, le curcuma et le safran. Faites mijoter 5 min de plus.
4. Déglacez au jus de citron, d'orange et de pamplemousse. Ajoutez le demi citron confit haché.
5. Assaisonnez et ajoutez le bouillon.
6. Laissez mijoter 45 min à couvert.
7. Parsemez de coriandre au moment de déguster.

POUR UN MEILLEUR ÉQUILIBRE,
ACCOMPAGNEZ CE TAJINE
DE SEMOULE COMPLÈTE.

PLAT

GRATIN DE POMMES DE TERRE AU *céleri*

INGRÉDIENTS

1 kg de pommes de terre Bintje

300 g de céleri boule

50 cl de lait

50 cl de crème fraîche liquide légère

2 gousses d'ail

1 pincée de noix de muscade râpée

150 g d'emmental râpé

Sel

Piment d'Espelette

Quantité : **4 personnes**

Préparation : **20 min**

Cuisson : **1 H**

1. Épluchez les pommes de terre et lavez-les. Coupez-les en fines lamelles.
2. Coupez le céleri boule en fines lamelles.
3. Chauffez ensemble le lait, la crème, l'ail haché, la noix de muscade râpée, le sel et le piment d'Espelette. Ajoutez les pommes de terre et le céleri.
4. Faites cuire à frémissements à couvert pendant une dizaine de minutes.
5. Mettez le tout dans un plat à gratin.
6. Saupoudrez d'emmental râpé et gratinez au four pendant une trentaine de minutes.

ACCOMPAGNEZ VOTRE GRATIN D'UNE BELLE SALADE DE MÂCHE À LA BETTERAVE ET AUX NOIX.

PLAT

PATATES DOUCES AU YAOURT À *l'indienne*

INGRÉDIENTS

- **1,2 kg** de patates douces
- **1** oignon
- **5 cl** d'huile d'olive
- **4** gousses d'ail
- **2** cm de gingembre frais
- **1 c. à c.** de garam massala
- **1 c. à c.** de curry en poudre ou en pâte
- **½ c. à c.** de curcuma en poudre
- **1** petit bout de piment fort (facultatif)
- **2** yaourts
- **2** branches de persil plat
- **Sel**

Quantité : **4 personnes**

Préparation : **20 min**

Cuisson : **40 min**

1. Faites cuire les patates douces dans de l'eau bouillante salée et épluchez-les.
2. Coupez-les en lamelles de taille moyenne.
3. Émincez finement l'oignon et faites-le revenir à feu moyen à l'huile d'olive avec l'ail et le gingembre hachés. Ajoutez les épices et laissez mijoter en rajoutant un peu d'eau pour obtenir une pâte nappante.
4. Ajoutez les yaourts et mélangez au fouet.
5. Ajoutez les patates douces, assaisonnez et réchauffez-les dans la sauce.
6. Au moment de servir, saupoudrez le plat de persil plat haché.

POUR UN BEL ÉQUILIBRE EN PROTÉINES VÉGÉTALES, AJOUTEZ DES POIS CHICHES À VOTRE RECETTE !

PLAT

Blanquette DE LÉGUMES DE SAISON

INGRÉDIENTS

2 oignons

2 carottes

2 navets

2 branches de céleri

1 panais

5 cl d'huile d'olive

2 l de bouillon de légumes

1 branche de thym

2 feuilles de laurier

Sel

Piment d'Espelette

POUR LA SAUCE :

80 g de beurre

80 g de farine

250 g de crème fraîche épaisse

Le jus de **1** citron jaune

1 pincée de noix de muscade râpée

Quantité : **4 personnes**

Préparation : **20 min**

Cuisson : **50 min**

1. Épluchez les légumes et coupez-les en morceaux de 3 cm.
2. Faites suer tous les légumes dans une poêle à l'huile d'olive pendant une dizaine de minutes.
3. Ajoutez le bouillon, assaisonnez et portez à ébullition.
4. Ajoutez le thym et le laurier. Laissez cuire 30 min environ.
5. Pendant que les légumes cuisent, faites fondre le beurre à feu doux dans une casserole, ajoutez la farine et faites cuire l'ensemble pendant 3 min en fouettant pour faire un roux blanc.
6. Ajoutez une partie du bouillon de cuisson en fouettant pour obtenir une sauce onctueuse. Ajoutez la crème fraîche épaisse et le jus de citron ainsi que la noix de muscade râpée.
7. Mettez les légumes cuits dans la sauce pour obtenir une blanquette de légumes.

ACCOMPAGNEZ VOTRE BLANQUETTE D'UN RIZ À FAIBLE INDEX GLYCÉMIQUE : RIZ BASMATI COMPLET, RIZ BRUN, RIZ ROUGE, RIZ SAUVAGE.

PLAT

SUPER TAJINE DE *poisson*

INGRÉDIENTS

4 pavés de poisson blanc type cabillaud

1 oignon

5 cl d'huile d'olive

1 poireau

1 carotte

1 c. à c. de gingembre en poudre

1 c. à s. de paprika en poudre

2 c. à c. de cumin en poudre

8 pommes de terre

1 l de fumet de poisson ou de bouillon de légumes

1/3 de botte de coriandre

Sel

Piment d'Espelette

Quantité : **4 personnes**

Préparation : **25 min**

Cuisson : **1 H**

1. Émincez l'oignon finement et faites-le revenir doucement à l'huile d'olive.
2. Ajoutez le poireau et la carotte émincés avec les épices. Ajoutez les pommes de terre coupées en lamelles, ainsi que le fumet de poisson ou le bouillon de légumes. Assaisonnez.
3. Laissez mijoter 45 min et ajoutez les pavés de poisson que vous laisserez cuire une dizaine de minutes à frémissements.
4. Au moment de servir, ajoutez de la coriandre.

POUR UN PLAT À INDEX GLYCÉMIQUE PLUS FAIBLE, VOUS POUVEZ REMPLACER LES POMMES DE TERRE PAR DES PATATES DOUCES.

PLAT

Polenta
CRÉMEUSE ET LÉGUMES D'HIVER

INGRÉDIENTS

POUR LES LÉGUMES RÔTIS :

200 g de potimarron

200 g de céleri boule

1 branche de céleri

1 oignon

1 carotte

8 gousses d'ail

5 cl d'huile d'olive

1 branche de romarin

1 branche de thym

2 branches de persil plat

Sel

Poivre

POUR LA POLENTA :

250 g de polenta

½ l de lait

½ l de bouillon de légumes

50 g de beurre

1 pincée de noix de muscade râpée

1 branche de thym

1 branche de romarin

Sel

Piment d'Espelette

Quantité : **4 personnes**

Préparation : **20 min**

Cuisson : **45 min**

1. Préchauffez votre four à 190 °C.
2. Épluchez les légumes et lavez-les. Découpez-les en morceaux de 2 cm, gardez les gousses d'ail entières, et mettez le tout dans un plat à gratin.
3. Ajoutez l'huile d'olive, l'assaisonnement et les herbes aromatiques.
4. Enfournez 30 min environ et vérifiez la cuisson avec la pointe d'un couteau.
5. Chauffez le lait avec le bouillon, le beurre et ajoutez la noix de muscade râpée, le thym et le romarin. Portez le tout à ébullition.
6. Ajoutez la polenta et faites-la cuire à feu doux pendant 5 min. Assaisonnez.
7. Servez la polenta avec les légumes rôtis.

L'AIL EST UN ALIMENT SANTÉ : PURIFIANT ET NETTOYANT, IL POSSÈDE DE PUISSANTES VERTUS ANTI-CANCER ET ANTI-INFLAMMATOIRES.

PLAT

GRATIN DE CÉRÉALES AUX LÉGUMES *d'hiver*

INGRÉDIENTS

300 g de mélange de céréales

2 oignons

5 cl d'huile d'olive

1 branche de thym

1 branche de romarin

4 gousses d'ail

1 poireau

1 l de bouillon de légumes

300 g d'épinard

150 g d'emmental râpé

Sel

Piment d'Espelette

Quantité : **4 personnes**

Préparation : **25 min**

Cuisson : **35 min**

1. Faites cuire le mélange de céréales à l'eau bouillante salée selon les indications du paquet. Égouttez les céréales.
2. Préchauffez le four à 180 °C.
3. Faites sauter les oignons émincés dans une poêle à l'huile d'olive avec le thym et le romarin. Ajoutez l'ail haché. Ajoutez le poireau émincé et laissez mijoter 5 min.
4. Ajoutez le bouillon. Assaisonnez et laissez mijoter 20 min.
5. Dans une autre poêle, faites sauter les feuilles d'épinard avec un filet d'huile d'olive. Assaisonnez.
6. Mélangez les céréales avec l'épinard, les oignons et le poireau. Mettez le mélange dans un plat à gratin.
7. Saupoudrez d'emmental râpé et gratinez au four pendant une trentaine de minutes.

CHOISISSEZ UN MÉLANGE DE CÉRÉALES NON RAFFINÉES ET DE LÉGUMINEUSES : PETIT ÉPEAUTRE, AVOINE, ORGE PERLÉ, POIS CASSÉS, SARRASIN, LENTILLES CORAIL...

PLAT

Curry
DE CANARD RÔTI AUX LITCHIS

INGRÉDIENTS

2 magrets de canard

1 oignon

5 cl d'huile d'olive

4 gousses d'ail

1 cm de gingembre frais

1 c. à c. de curry en poudre

1 c. à c. de curcuma en poudre

20 cl de bouillon de poule

20 cl de lait de coco

1 c. à c. de fécule de maïs

12 litchis frais ou au sirop

1 citron vert

¼ de botte de coriandre

Sel

Piment d'Espelette

Quantité : **4 personnes**

Préparation : **20 min**

Cuisson : **40 min**

1. Salez les magrets de canard et posez-les côté peau dans une poêle froide.
2. Chauffez au minimum la poêle pour faire fondre la graisse le plus doucement possible pendant 30 min environ. Évacuez la graisse au fur et à mesure.
3. Augmentez le feu pour colorer la peau des magrets, et retirez la graisse de la poêle. Retournez les magrets pour les colorer à feu vif pendant 2 min côté chair. Laissez reposer les magrets sur une grille.
4. Émincez l'oignon et faites-le revenir dans une poêle à l'huile d'olive pendant 5 min à feu moyen. Ajoutez l'ail et le gingembre hachés et les épices. Laissez mijoter 5 min de plus. Mouillez avec le bouillon et le lait de coco.
5. Laissez mijoter 5 min et faites épaissir très légèrement la sauce, au besoin avec un peu de fécule de maïs délayée dans un peu d'eau froide. Assaisonnez.
6. Prélevez le zeste du citron vert et réservez. Ajoutez les litchis et faites-les réchauffer dans la sauce avec le jus de citron vert.
7. Découpez les magrets de canard en gros cubes et faites-les réchauffer 1 min dans la sauce avant de servir le curry.
8. Servez le curry avec de la coriandre hachée et le zeste de citron vert.

ACCOMPAGNEZ CE CURRY DE CANARD D'UN RIZ BASMATI COMPLET ET D'UNE SALADE VERTE.

VOUS POUVEZ REMPLACER LES LITCHIS PAR D'AUTRES FRUITS COMME LA MANGUE.

EN CHOISISSANT UN CHOCOLAT À 70 % DE CACAO, VOUS BÉNÉFICIEZ DES EXCELLENTES VERTUS DU CACAO, SANS TROP D'AJOUT DE SUCRE, CE QUI PERMET DE FAIRE BAISSER L'INDEX GLYCÉMIQUE.

DESSERT

PAIN PERDU RUSTIQUE AU *chocolat*

INGRÉDIENTS

4 tranches de pain de campagne au levain épaisses et rassises

12 carrés de chocolat noir 70 %

50 g de beurre

25 g de sucre cassonade

POUR L'APPAREIL À PAIN PERDU :

2 œufs

30 g de sirop d'agave

30 cl de lait

1 fève tonka râpée ou un peu de vanille en poudre

Quantité : **4 personnes**

Préparation : **15 min**

Cuisson : **10 min**

1. Blanchissez les œufs avec le sirop d'agave et ajoutez le lait et la fève tonka râpée.
2. Cassez les carrés de chocolat en morceaux et insérez-les dans les tranches de pain.
3. Trempez les tranches de pain au chocolat dans le mélange œuf et lait.
4. Chauffez une poêle avec le beurre et le sucre cassonade et faites cuire à feu moyen les pains perdus 3 min sur chaque face.
5. Les pains perdus doivent être légèrement caramélisés.

VOUS POUVEZ ACCOMPAGNER CE DESSERT D'UN SORBET YAOURT OU FROMAGE BLANC POUR ATTÉNUER L'ACIDITÉ NATURELLE DU CITRON.

DESSERT

Crémeux
CITRON, CRUMBLE DE PAIN

INGRÉDIENTS

3 œufs

100 g de sucre de coco

10 g de fécule de maïs

4 citrons jaunes

15 g de beurre

POUR LE CRUMBLE DE PAIN :

125 g de pain sec

100 g de beurre pommade

80 g de sucre cassonade

20 cl de crème légère liquide

Quantité : **4 personnes**

Préparation : **20 min**

Cuisson : **20 min**

1. Préchauffez votre four à 180 °C.
2. Mélangez les œufs avec le sucre de coco, la fécule de maïs, le jus des 4 citrons et le zeste de 1 citron. Portez à ébullition. Zestez 1 citron et mettez-le de côté.
3. En fin de cuisson, ajoutez le beurre. Débarrassez et filmez au contact. Laissez refroidir au réfrigérateur.
4. Concassez le pain et ajoutez le beurre pommade et le sucre cassonade.
5. Mélangez et étalez le crumble sur une épaisseur de 1 cm sur une plaque de cuisson. Faites cuire au four 15 min environ.
6. Laissez refroidir le crumble et coupez-le en petits morceaux irréguliers de 1 cm.
7. Fouettez la crème liquide bien froide pour obtenir une crème fouettée.
8. Incorporez délicatement la crème fouettée au crémeux citron bien froid.
9. Mettez le crémeux citron au fond de petites verrines et ajoutez le crumble de pain dessus. Ajoutez le zeste de citron.

L'ORANGE EST RICHE EN FIBRES ET ACTIVE LES DÉFENSES IMMUNITAIRES, UN FRUIT IDÉAL EN HIVER !

DESSERT

TIAN D'ORANGES *caramélisées*

INGRÉDIENTS

6 oranges

50 g de sucre cassonade

20 g de beurre

POUR LA PÂTE MAGIQUE :

200 g de farine semi-complète

80 g de beurre

65 g d'eau

1 pincée de sel

Quantité : **4 personnes**

Préparation : **25 min**

Cuisson : **20 min**

1. Préparez la pâte magique en sablant la farine avec le beurre.
2. Ajoutez l'eau dans laquelle vous avez fait fondre le sel. Malaxez rapidement la pâte pour former une boule. Laissez reposer la pâte 20 min au réfrigérateur.
3. Zestez 2 oranges. Pelez à vif les oranges et levez les suprêmes. Égouttez-les dans une passoire pour avoir le minimum de jus.
4. Faites un caramel à sec avec le sucre cassonade en mettant le sucre progressivement dans une casserole bien froide.
5. Ajoutez le beurre dans le caramel et 30 secondes après les suprêmes d'oranges.
6. Sortez la casserole du feu et ajoutez les zestes d'agrumes. Laissez tiédir. Étalez la pâte magique sur 5 mm d'épaisseur et détaillez des petits ronds de la taille de petits moules à tatin ou tartelettes.
7. Mettez les oranges caramélisées dans les petits moules. Disposez dessus des petits ronds de pâte magique et enfournez une vingtaine de minutes.
8. Démoulez les tians comme une tarte Tatin.

POUR DES CRÊPES SANS GLUTEN ET SANS LACTOSE, VOUS POUVEZ TRÈS BIEN REMPLACER LA FARINE CLASSIQUE PAR DE LA FARINE DE RIZ SEMI-COMPLÈTE, ASSOCIÉE À UN PEU DE FARINE DE QUINOA OU DE CHÂTAIGNE POUR UN GOÛT PLUS PRONONCÉ, ET OPTER POUR UN LAIT VÉGÉTAL (AMANDE, NOISETTE, COCO...) À LA PLACE DU LAIT DE VACHE.

Crêpes SUZETTE LÉGÈRES

INGRÉDIENTS

POUR LA PÂTE À CRÊPES :

3 œufs

50 cl de lait

30 g de rhum brun

1 pincée de sel

Le zeste de **1** citron et **1** orange

225 g de farine semi-complète

POUR LA SAUCE SUZETTE LÉGÈRE :

250 g de jus d'orange

50 g de jus de citron jaune

Le zeste de **1** orange

Le zeste de **½** citron

70 g de caramel liquide

10 g de fécule de maïs

20 g de beurre

50 g de Grand Marnier

Quantité : **4 personnes**

Préparation : **20 min**

Cuisson : **15 min**

1. Préparez la pâte à crêpes en mettant dans un bol les œufs, le lait, le rhum, la pincée de sel et les zestes d'agrumes.
2. Ajoutez la farine et fouettez pour obtenir une pâte lisse sans grumeaux.
3. Mettez tous les ingrédients de la sauce Suzette dans une petite casserole et portez à ébullition en fouettant.
4. Faites cuire les crêpes et pliez-les en quatre.
5. Chauffez un peu de sauce Suzette dans une poêle et faites réchauffer vos crêpes dedans.
6. Zestez vos crêpes au moment de les déguster.

Passion
Santé

RECETTES de printemps

L'ASPERGE EST IDÉALE AU « NETTOYAGE DE PRINTEMPS » : ELLE A UN EFFET DRAINANT ET DÉTOXIFIANT !

ENTRÉE

Asperges BLANCHES, VIERGE FAÇON MALTAISE

INGRÉDIENTS

800 g d'asperges blanches

Gros sel de mer

POUR LA VIERGE FAÇON MALTAISE :

2 oranges sanguines

1 échalote

5 cl de vinaigre de vin rouge

10 cl d'huile d'olive

1 pincée de piment d'Espelette

1 c. à s. de persil plat haché

Sel

Quantité : **4 personnes**

Préparation : **15 min**

Cuisson : **5 min**

1. Épluchez vos asperges à l'aide d'un couteau économe et coupez le bout de la queue pour éviter les parties trop fibreuses. Réservez.
2. Faites chauffer de l'eau avec du gros sel et couvrez.
3. Pelez à vif les oranges sanguines et coupez-les en petits cubes.
4. Ajoutez aux oranges l'échalote, le vinaigre et l'huile d'olive.
5. Terminez en ajoutant le piment d'Espelette, le persil plat et un peu de sel.
6. Faites cuire les asperges 5 min à l'eau bouillante sans couvercle et vérifiez la cuisson à l'aide de la pointe d'un couteau.
7. Égouttez les asperges et servez-les nappées de vierge façon maltaise.

FAITES LE PLEIN DE VITAMINES, D'OMÉGA 3 ET D'ANTIOXYDANTS GRÂCE À TOUS LES INGRÉDIENTS SANTÉ DE CETTE SALADE THAÏE !

ENTRÉE

PETITE SALADE *thaïe*

INGRÉDIENTS

1 carotte

½ chou chinois

½ oignon rouge

½ concombre

½ botte de radis

¼ de botte de coriandre

2 c. à s. de cacahuètes salées

1 c. à s. de graines de sésame grillées.

POUR LA VINAIGRETTE THAÏE :

20 g de gingembre frais

¼ de bâton de citronnelle

2 gousses d'ail

1 petit bout de piment rouge ou quelques gouttes de Tabasco

10 cl de sauce soja

50 g d'huile de sésame grillé

100 g d'huile d'olive ou d'arachide

Le jus de **2** citrons verts

Quantité : **4 personnes**

Préparation : **10 min**

1. Préparez la vinaigrette thaïe en mettant tous les éléments dans un blender et en mixant fortement. Passez au chinois.
2. Épluchez et lavez vos légumes. Taillez-les en fines lamelles. Réservez un peu de coriandre.
3. Mélangez vos légumes dans un saladier et ajoutez progressivement la vinaigrette selon votre goût.
4. Disposez la salade dans de jolies assiettes et saupoudrez de coriandre hachée, de cacahuètes et de graines de sésame grillées.

SI VOTRE GASPACHO EST TROP LIQUIDE VOUS POUVEZ L'ÉPAISSIR AVEC UN PEU DE CHAPELURE DE PAIN QUE VOUS MIXEREZ AVEC.

C'EST UN PLUS DE GARDER LES ASPERGES ET LES PETITS POIS CRUS, POUR CONSERVER TOUTES LEURS VITAMINES.

ENTRÉE

GASPACHO *printanier*

INGRÉDIENTS

200 g de petits pois crus ou cuits

6 asperges vertes crues ou cuites

2 oignons nouveaux

½ concombre

50 g de céleri branche (facultatif)

1 yaourt

1 gousse d'ail

5 cl de vinaigre de vin rouge

5 cl d'huile d'olive

8 feuilles de menthe

Sel

Piment d'Espelette

Quantité : **4 personnes**

Préparation : **20 min**

1. Réservez un peu de petits pois, une asperge et une feuille de menthe pour le dressage.
2. Mettez tous les ingrédients dans le bol d'un mixeur. Mixez fortement.
3. Versez le gaspacho dans des petits bols et décorez-les avec les petits pois et l'asperge restants.
4. Décorez avec un peu de menthe et de piment d'Espelette.

IL VAUT MIEUX CONGELER LE POISSON BLANC S'IL EST FRAIS POUR ÉVITER TOUT RISQUE DE CONTAMINATION PAR DES PARASITES QUI PEUVENT ÊTRE PRÉSENTS DANS SA CHAIR.

RÂPEZ UN PEU DE GINGEMBRE FRAIS, RICHE EN ANTIOXYDANTS, SI VOUS AIMEZ ÇA !

ENTRÉE

Tartare DE LIEU AUX LÉGUMES PRINTANIERS

INGRÉDIENTS

- **300 g** de chair de lieu
- **8** asperges vertes
- **100 g** de petits pois
- **1** petit oignon rouge
- **8** radis
- **5 cl** d'huile d'olive
- **2** citrons verts
- ¼ de botte de cerfeuil
- **Sel**
- **Piment d'Espelette**

Quantité : **4 personnes**

Préparation : **10 min**

Cuisson : **5 min**

1. Épluchez les asperges vertes et faites-les cuire 1 min à l'eau bouillante. Refroidissez-les aussitôt à l'eau froide et coupez-les en morceaux de 1 cm.
2. Faites cuire les petits pois 1 min à l'eau bouillante salée et refroidissez-les aussitôt à l'eau froide.
3. Émincez très finement l'oignon rouge.
4. Découpez en cubes de 1 cm le poisson et mettez-le dans un saladier.
5. Ajoutez les asperges, les petits pois et les radis coupés en quatre.
6. Ajoutez l'huile d'olive, le zeste de 1 citron vert, le jus des 2 citrons et l'assaisonnement.
7. Ajoutez le cerfeuil coupé grossièrement et mélangez le tout délicatement.

PLAT

PAELLA *végétarienne*

INGRÉDIENTS

- **350 g** de riz rond de Valencia ou bomba
- **1** oignon
- **1** fenouil
- **1** poivron rouge
- **10 cl** d'huile d'olive
- **1** branche de thym
- **1** branche de céleri
- **1 g** de safran
- **4** gousses d'ail
- **10 cl** de vin blanc sec
- **100 g** de tomates concassées fraîches ou en boîte
- **1 l** de bouillon de légumes
- **200 g** de petits pois
- **8** asperges vertes
- Le jus de **1** citron jaune
- **Persil plat**
- **Sel**
- **Piment d'Espelette**

Quantité : **4 personnes**

Préparation : **25 min**

Cuisson : **35 min**

1. Lavez le fenouil et le poivron. Coupez l'oignon, le fenouil et le poivron en fines lamelles.
2. Faites-les suer à l'huile d'olive à feu moyen pendant une dizaine de minutes avec la branche de thym.
3. Ajoutez le riz, le céleri coupé en morceaux de 1 cm, le safran et les gousses d'ail coupées en lamelles. Faites revenir pendant 5 min.
4. Déglacez au vin blanc et laissez l'alcool s'évaporer.
5. Ajoutez les tomates concassées et le bouillon.
6. Faites cuire à couvert pendant une dizaine de minutes.
7. Au bout de 10 min, ajoutez les petits pois et les asperges, et laissez cuire 10 min de plus.
8. Dès que la paella est cuite, ajoutez un peu de persil plat et le jus de citron. Dégustez aussitôt.

À DÉFAUT DE LA VARIÉTÉ DE RIZ PARFAITE POUR UNE BONNE PAELLA, VOUS POUVEZ UTILISER UN RIZ BASMATI QUE VOUS AUREZ RINCÉ PLUSIEURS FOIS À L'EAU FROIDE AU PRÉALABLE.

AJOUTEZ DU CURCUMA, CELA RENFORCERA LA COULEUR JAUNE DU RIZ ET VOUS APPORTERA DES BIENFAITS ANTIOXYDANTS.

PLAT

CHOU-FLEUR RÔTI AU *curry*

INGRÉDIENTS

1 beau chou-fleur

Gros sel de mer

5 cl d'huile d'olive

1 c. à s. de curry en poudre

Graines de sésame grillées

POUR LA SAUCE AU YAOURT :

2 yaourts

Le jus de **1** citron vert

Sel et poivre du moulin

1 c. à c. de curry en poudre

2 c. à s. d'herbes hachées

Quantité : **4 personnes**

Préparation : **10 min**

Cuisson : **40 min**

1. Préchauffez votre four à 180 °C.
2. Faites bouillir de l'eau avec du gros sel.
3. Retirez la base du chou-fleur et faites-le cuire en entier pendant une dizaine de minutes dans l'eau bouillante. Sortez-le et égouttez-le délicatement.
4. Posez-le ensuite sur une plaque de cuisson.
5. Mélangez l'huile d'olive avec le curry et badigeonnez le chou-fleur au pinceau ou à la main.
6. Enfournez 30 min pour le faire rôtir.
7. Pendant que le chou-fleur rôtit, préparez la sauce d'accompagnement en mélangeant tous les ingrédients au fouet.
8. Sortez le chou-fleur du four et saupoudrez-le de graines de sésame grillées.
9. Dégustez le chou-fleur avec la sauce au yaourt.

LES ÉPICES ONT DE NOMBREUSES VERTUS, N'HÉSITEZ PAS À EN SAUPOUDRER VOS PLATS ! LE CURRY EST TRÈS ANTIOXYDANT ET APPORTE DE LA VITAMINE E.

PLAT

Brochette
DE BŒUF MARINÉE, SEMOULE AUX PETITS POIS

INGRÉDIENTS

500 g de bœuf type faux-filet

1 poivron rouge

1 gros oignon

3 cl d'huile d'olive

Sel

POUR LA MARINADE :

5 cl d'huile d'olive

1 c. à c. de curcuma en poudre

1 c. à c. de paprika en poudre

1 c. à c. de cumin en poudre

2 branches de thym

POUR LA SEMOULE AUX PETITS POIS :

100 g de petits pois

250 g de semoule

5 cl d'huile d'olive

1 branche de menthe

1 citron vert

Sel

Quantité : **4 personnes**

Préparation : **25 min**

Cuisson : **15 min**

1. Découpez le poivron et l'oignon en morceaux de 3 cm.
2. Faites-les sauter dans une poêle à l'huile d'olive avec un peu de sel pendant 5 min. Débarrassez les légumes et laissez refroidir.
3. Découpez la viande en cubes de 3 cm. Réalisez des brochettes en alternant légumes et viande. Salez vos brochettes.
4. Faites une marinade avec l'huile d'olive, les épices et le thym. Trempez vos brochettes dedans et faites-les griller aussitôt.
5. **Pour la semoule :** Faites cuire les petits pois à l'eau bouillante salée et refroidissez-les.
6. Mettez la semoule dans un saladier avec l'huile d'olive et un peu de sel. Ajoutez les petits pois cuits. Versez de l'eau bouillante 2 cm au-dessus du niveau de la semoule et recouvrez le saladier d'un torchon propre.
7. Laissez reposer 5 min et passez 2 min au four à micro-ondes pour garder la semoule bien chaude.
8. Au moment de servir la semoule, ajoutez la menthe ciselée et le jus du citron vert.

POUR UNE VERSION VÉGÉTARIENNE, DÉCOUPEZ DES CUBES DE TOFU, PRÉPAREZ DES BROCHETTES AVEC LES LÉGUMES ET FAITES-LES TREMPER DANS LA MÊME MARINADE QUE LA RECETTE.

PLAT

GRATIN DE CAROTTES NOUVELLES AU *cumin*

INGRÉDIENTS

- **2** bottes de carottes nouvelles
- **5 cl** d'huile d'olive
- **2** oranges
- **20 cl** de crème fraîche
- **1 c. à c.** de cumin en grains
- **100 g** de vieille mimolette

Quantité : **4 personnes**

Préparation : **10 min**

Cuisson : **15 min**

1. Épluchez les carottes nouvelles.
2. Faites-les revenir à l'huile d'olive avec le jus des oranges pour les cuire et confire doucement. Assaisonnez.
3. Mettez les carottes cuites dans un plat à gratin huilé à l'huile d'olive en les serrant l'une contre l'autre.
4. Arrosez de crème fraîche.
5. Ajoutez le cumin et la mimolette râpée.
6. Gratinez au four à 180 °C pendant une vingtaine de minutes.
7. Au moment de déguster, parsemez d'un peu de zeste d'orange.

UNE RECETTE RICHE EN CAROTÉNOÏDES GRÂCE AUX CAROTTES ET AU CUMIN, DES ANTIOXYDANTS QUI PARTICIPENT À LA PROTECTION CONTRE LES MALADIES CARDIO-VASCULAIRES.

POUR UN PLAT COMPLET, ACCOMPAGNEZ CETTE RECETTE DE CÉRÉALES COMPLÈTES OU DE SEMOULE DE BLÉ.

PLAT

Bouillabaisse d'asperges vertes et pommes de terre

INGRÉDIENTS

1 gros oignon

5 cl d'huile d'olive

1 branche de thym

6 gousses d'ail

1 à **2 g** de safran

600 g de pommes de terre à chair farineuse

1 fenouil

1 verre de vin blanc sec

1 l de bouillon de volaille ou de légumes

Le zeste de **1** orange

1 botte d'asperges vertes

Sel

Piment d'Espelette

Quantité : **4 personnes**

Préparation : **20 min**

Cuisson : **45 min**

1. Émincez l'oignon et faites-le revenir doucement à l'huile d'olive avec la branche de thym pendant une dizaine de minutes.
2. Ajoutez l'ail coupé en fines lamelles et le safran.
3. Ajoutez les pommes de terre coupées en cubes de 2 cm et le fenouil coupé en fines tranches. Assaisonnez.
4. Déglacez au vin blanc et laissez réduire de moitié. Versez le bouillon et le zeste d'orange.
5. Faites cuire à couvert pendant une vingtaine de minutes.
6. Ajoutez les asperges coupées en deux et laissez cuire une dizaine de minutes de plus à couvert. Assaisonnez.
7. Servez aussitôt.

SI VOUS N'AVEZ PAS DE SAFRAN, VOUS POUVEZ METTRE UN PEU DE CURCUMA ET DE COLORANT À PAELLA.

POUR UN PLAT COMPLET, ACCOMPAGNEZ CETTE BOUILLABAISSE D'UN FILET DE POISSON OU DE LÉGUMINEUSES (POIS CHICHES, LENTILLES CORAIL...) POUR UNE VERSION VÉGÉTARIENNE.

PLAT

COCOTTE DE VOLAILLE AUX ASPERGES ET *morilles*

INGRÉDIENTS

4 cuisses de poulet

5 cl d'huile d'olive

1 gros oignon

2 carottes nouvelles

4 gousses d'ail

1 branche de romarin

1 branche de thym

1 verre de vin blanc moelleux

10 cl de bouillon de volaille

600 g d'asperges blanches

150 g de morilles fraîches

1 c. à s. de persil plat

Sel

Piment d'Espelette

Quantité : **4 personnes**

Préparation : **20 min**

Cuisson : **1 H**

1. Découpez les cuisses de poulet en deux et salez-les.
2. Colorez-les dans une cocotte à l'huile d'olive pendant une dizaine de minutes.
3. Ajoutez l'oignon émincé, les carottes coupées en morceaux de 1 cm, les gousses d'ail en chemise, le romarin et le thym.
4. Déglacez au vin blanc et ajoutez le bouillon. Mettez le couvercle de la cocotte et laissez cuire 30 min à feu doux.
5. Pendant ce temps, épluchez les asperges et coupez-les en morceaux de 5 cm.
6. Mettez les asperges et les morilles dans la cocotte et assaisonnez. Laissez cuire à couvert 15 min de plus. Saupoudrez de persil plat haché et servez aussitôt.

POUR UN PLAT ÉQUILIBRÉ, AJOUTEZ DES CÉRÉALES COMPLÈTES (RIZ BASMATI, BOULGOUR, PETIT-ÉPEAUTRE...) ;
ET POUR UNE VERSION VÉGÉTARIENNE ASSOCIEZ DES CÉRÉALES COMPLÈTES À UNE PORTION DE LÉGUMINEUSES (POIS CASSÉS, POIS CHICHES, LENTILLES...) À LA PLACE DE LA VOLAILLE.

PLAT

Dhal
DE LENTILLES

INGRÉDIENTS

1 gros oignon

5 cl d'huile d'olive

6 gousses d'ail

40 g de gingembre frais

1 c. à c. de curcuma en poudre

1 c. à c. de cumin en grains

1 c. à c. de coriandre en poudre

300 g de lentilles corail

100 g de tomates concassées

Le jus de **½** citron vert

2 c. à s. de coriandre fraîche

Quantité : **4 personnes**

Préparation : **15 min**

Cuisson : **25 min**

1. Hachez l'oignon et faites-le revenir à l'huile d'olive pendant 5 min à feu moyen.
2. Ajoutez l'ail et le gingembre hachés. Ajoutez le curcuma, le cumin et la coriandre en poudre. Faites revenir 2 min à feu doux.
3. Ajoutez les lentilles et les tomates concassées et couvrez d'eau à hauteur.
4. Faites cuire une dizaine de minutes à partir de l'ébullition.
5. Salez le dhal et au moment de le déguster ajoutez le jus de citron vert et la coriandre hachée.

EN PLUS D'ÊTRE RICHES EN FER, PROTÉINES VÉGÉTALES ET FIBRES, LES LENTILLES POSSÈDENT UN INDEX GLYCÉMIQUE BAS : UN ALIMENT COMPLET À INTÉGRER SOUVENT DANS VOS MENUS !

PLAT

BRANDADE DE COURGETTES AU *parmesan*

INGRÉDIENTS

800 g de pommes de terre à purée

30 cl de lait

Noix de muscade râpée

600 g de courgettes

1 oignon

10 cl d'huile d'olive

8 gousses d'ail

12 feuilles de menthe

100 g de parmesan râpé

100 g de chapelure de pain

Sel

Piment d'Espelette

Quantité : **4 personnes**

Préparation : **20 min**

Cuisson : **45 min**

1. Faites cuire les pommes de terre épluchées et taillées en cubes dans de l'eau bouillante salée.
2. Égouttez-les et écrasez-les. Incorporez le lait chaud avec une pointe de muscade, du sel et du piment d'Espelette. Faites une purée rustique.
3. Découpez les courgettes en cubes et faites-les colorer dans une cocotte avec l'oignon haché pendant une dizaine de minutes. Hors du feu, ajoutez l'ail haché et la menthe fraîche ciselée.
4. Mélangez la purée de pommes de terre avec les courgettes et vérifiez l'assaisonnement.
5. Mettez le tout dans un plat à gratin et lissez la surface.
6. Saupoudrez de parmesan et de chapelure de pain et gratinez au four à 180 °C pendant 30 min environ.

ACCOMPAGNEZ CETTE BRANDADE VÉGÉTALE D'UNE BELLE SALADE VERTE AVEC UNE VINAIGRETTE AU CITRON ET À L'HUILE D'OLIVE.

POUR UN PETIT PLUS DE SANTÉ, AJOUTEZ UN MÉLANGE DE GRAINES GRILLÉES AU MOMENT DE SERVIR LA BRANDADE.

PLAT

Magret
DE CANARD À LA CERISE, POMMES DE TERRE NOUVELLES

INGRÉDIENTS

2 magrets de canard

Sel

300 g de cerises

1 c. à c. de miel

1 c. à s. de coriandre en grains

5 cl de vinaigre de vin rouge

POUR LES POMMES DE TERRE NOUVELLES :

800 g de pommes de terre nouvelles

4 oignons nouveaux

1 tête d'ail

1 branche de romarin

Quantité : **4 personnes**

Préparation : **15 min**

Cuisson : **15 min**

1. Salez les magrets de canard et posez-les côté peau dans une poêle froide.
2. Chauffez au minimum la poêle pour faire fondre la graisse le plus doucement possible. Évacuez la graisse au fur et à mesure de la fonte.
3. Dans une cocotte, faites chauffer de la graisse de canard et faites colorer les pommes de terre coupées en morceaux de 3 cm avec la peau.
4. Ajoutez les oignons nouveaux, les gousses d'ail en chemise et la branche de romarin et laissez cuire à couvert pendant 20 min environ à feu moyen.
5. Chauffez la poêle pour colorer la peau des magrets et retirez l'excédent de graisse de la poêle. Retournez les magrets pour les colorer à feu vif pendant 2 min côté chair.
6. Laissez reposer le magret sur une grille. Mettez les cerises entières avec le miel et les grains de coriandre concassés dans la poêle à feu vif pour les colorer et déglacez avec le vinaigre. Laissez réduire le jus avec les cerises et disposez-les sur les magrets.
7. Accompagnez le magret avec les pommes de terre nouvelles.

CETTE RECETTE EST AUSSI TRÈS GOÛTEUSE AVEC UN APPORT DE LÉGUMINEUSES (LENTILLES BELLUGA, LENTILLES VERTES, HARICOTS ROUGES...) À LA PLACE DU MAGRET DE CANARD, POUR UN PLAT VÉGÉTARIEN ÉQUILIBRÉ ! ACCOMPAGNEZ CE PLAT D'UNE SALADE VERTE OU DE HARICOTS VERTS PAR EXEMPLE, POUR UN APPORT SUFFISANT EN FIBRES.

PLAT

Merlu
AUX COQUILLAGES ET AUX LÉGUMES PRINTANIERS

INGRÉDIENTS

- **4** tranches ou darnes de merlu
- **2** œufs
- **8** asperges vertes
- **100 g** de petits pois crus
- **5 cl** d'huile d'olive
- **8** gousses d'ail
- **¼** de botte de persil plat
- **250 g** de coques
- **1** verre de vin blanc sec
- **Sel**
- **Piment d'Espelette**

Quantité : **4 personnes**
Préparation : **20 min**
Cuisson : **20 min**

1. Faites cuire les œufs 6 min dans une eau frémissante pour faire des œufs mollets. Écalez-les délicatement.
2. Lavez et épluchez les asperges, écossez les petits pois. Coupez les asperges en morceaux de 5 cm.
3. Faites cuire 2 min à l'eau bouillante les asperges et 1 min les petits pois. Refroidissez les légumes dans de l'eau froide pour stopper la cuisson.
4. Colorez rapidement à l'huile d'olive dans une cocotte vos darnes de merlu préalablement salées.
5. Sortez délicatement les darnes de la cocotte et ajoutez les gousses d'ail hachées. Faites-les roussir un peu sans les brûler. Ajoutez le persil plat ciselé et faites-le revenir quelques secondes.
6. Remettez les darnes de merlu, les asperges vertes et les petits pois. Ajoutez les coques, le verre de vin blanc et le piment d'Espelette.
7. Fermez la cocotte et laissez cuire 7 min à feu moyen. C'est cuit quand les coques s'ouvrent.
8. Coupez les œufs mollets en deux et ajoutez-les sur la préparation. Saupoudrez de persil plat et dégustez aussitôt.

LE POISSON BLANC, TEL QUE LE MERLU, A L'AVANTAGE D'ÊTRE PEU GRAS MAIS APPORTE DES PROTÉINES, BEAUCOUP DE VITAMINES ET D'OLIGO-ÉLÉMENTS DONT L'IODE, INDISPENSABLE À LA FABRICATION DES HORMONES THYROÏDIENNES.

PLAT

Poireau

BÉCHAMEL AU COMTÉ, QUINOA

INGRÉDIENTS

1,2 kg de poireaux nouveaux

200 g de quinoa

200 g de comté

Gros sel de mer

POUR LA SAUCE BÉCHAMEL :

30 g de beurre

30 g de farine

½ l de lait

½ c. à c. de curcuma en poudre

1 pincée de noix de muscade

Quantité : **4 personnes**

Préparation : **20 min**

Cuisson : **45 min**

1. Faites cuire les poireaux dans de l'eau bouillante salée. Égouttez-les et coupez-les en morceaux de 5 cm.
2. Faites cuire le quinoa dans de l'eau bouillante salée selon les indications du paquet. Égouttez-le.
3. Préparez la béchamel en faisant fondre doucement le beurre dans une casserole. Ajoutez la farine et laissez cuire en fouettant 5 min. Ajoutez le lait, le curcuma et la pincée de noix de muscade en mélangeant avec un fouet et portez à ébullition.
4. Dans un plat à gratin, mettez le quinoa au fond du plat et ajoutez dessus les poireaux égouttés et pressés.
5. Nappez de sauce Béchamel et parsemez de comté râpé.
6. Gratinez 20 à 25 min au four à 180 °C.

LE QUINOA EST UN ALIMENT EXTRÊMEMENT COMPLET AU NIVEAU NUTRITIONNEL, AVEC UN TRÈS BON ÉQUILIBRE EN ACIDES AMINÉS.

PLAT

LAITUE BRAISÉE, PETIT ÉPEAUTRE ET *lard paysan*

INGRÉDIENTS

- **1** laitue
- **200 g** de petit épeautre
- **1** oignon
- **5 cl** d'huile d'olive
- **100 g** de lard fumé
- **1** branche de thym
- **4** gousses d'ail
- **1** verre de vin blanc sec
- **1 l** de bouillon de légumes ou de volaille
- **Sel**
- **Piment d'Espelette**

Quantité : **4 personnes**
Préparation : **20 min**
Cuisson : **35 min**

1. Préparez la laitue en séparant les feuilles et en les lavant.
2. Réservez les feuilles croquantes du cœur. Coupez le reste des feuilles en chiffonnade.
3. Faites cuire 10 min le petit épeautre dans de l'eau bouillante salée. Égouttez-le.
4. Émincez l'oignon et faites-le suer à l'huile d'olive. Ajoutez le lard fumé, la branche de thym et les gousses d'ail en chemise. Déglacez avec le verre de vin blanc puis laissez s'évaporer l'alcool.
5. Ajoutez les feuilles de laitue en chiffonnade et l'épeautre précuit, puis faites revenir 5 min.
6. Ajoutez le bouillon progressivement ; dès que l'épeautre absorbe le bouillon, rajoutez-en. Assaisonnez.
7. Lorsque l'épeautre est cuit, ajoutez les feuilles de laitue croquantes et dégustez aussitôt.

LE PETIT ÉPEAUTRE FAIT PARTIE DES MEILLEURES CÉRÉALES POUR LA SANTÉ : MAGNÉSIUM, CALCIUM, PROTÉINES, PHOSPHORE, ANTIOXYDANTS... IL A TOUT BON !

PLAT

Penne À L'ARTICHAUT À LA GRECQUE

INGRÉDIENTS

320 g de penne

Gros sel de mer

¼ de botte de ciboulette

Quelques copeaux de fromage de brebis basque

POUR LA GARNITURE :

8 artichauts primeurs

1 oignon

5 cl d'huile d'olive

1 branche de romarin

1 c. a s. de coriandre en grains

4 gousses d'ail

1 verre de vin blanc sec

Sel

Piment d'Espelette

Quantité : **4 personnes**

Préparation : **15 min**

Cuisson : **30 min**

1. Épluchez et préparez vos petits artichauts en les coupant en deux.

2. Ciselez l'oignon en petits cubes et faites-le revenir à l'huile d'olive à feu moyen avec la branche de romarin pendant 5 min dans une cocotte. Ajoutez les artichauts et faites-les revenir 5 min de plus avec les grains de coriandre concassés grossièrement et l'ail coupé en fines lamelles. Assaisonnez et déglacez au vin blanc. Laissez cuire à couvert pendant une dizaine de minutes.

3. Faites cuire les penne à l'eau bouillante salée selon les indications du paquet. Réservez un peu d'eau de cuisson et égouttez-les.

4. Ajoutez les penne et l'eau de cuisson dans la cocotte d'artichauts pour avoir une pasta super moelleuse. Saupoudrez de ciboulette et de copeaux de fromage de brebis.

L'ARTICHAUT EST RÉPUTÉ POUR SON ACTION BÉNÉFIQUE SUR LE FOIE ET SON ACTION DIURÉTIQUE.

PLAT

Banh mi

INGRÉDIENTS

1 filet mignon de porc

4 pains baguette pour sandwich

½ botte de coriandre

½ concombre

POUR LE CONDIMENT CAROTTE :

1 carotte

1 c. à s. de sucre cassonade

5 cl de vinaigre blanc

POUR LA MARINADE :

2 c. à s. de sauce soja

2 c. à s. de miel

1 c. à s. d'huile de sésame grillé

Le jus de **1** citron vert

Sel

Piment d'Espelette

Quantité : **4 personnes**

Préparation : **10 min**

Cuisson : **20 min**

1. Pour le condiment, épluchez et râpez la carotte. Mettez-la dans un bol et ajoutez le sucre et le vinaigre blanc. Faites macérer l'ensemble quelques heures au réfrigérateur.
2. Faites mariner quelques heures le filet mignon entier avec la sauce soja, le miel, l'huile de sésame grillé, le sel et le piment d'Espelette.
3. Faites cuire le filet mignon au four à 180 °C pendant 20 min environ.
4. Coupez le concombre en deux, retirez le cœur et les pépins et émincez-le.
5. Émincez le filet mignon de porc tiède et placez-le dans les pains coupés en deux.
6. Ajoutez les carottes marinées, le concombre et les branches de coriandre hachées.

VOUS POUVEZ FAIRE CE SANDWICH EN VERSION VÉGÉTARIENNE EN REMPLAÇANT LE PORC PAR DU TOFU GRILLÉ ET MARINÉ. ET POUR DIMINUER L'INDEX GLYCÉMIQUE DU SANDWICH, UTILISEZ DU PAIN COMPLET.

PLAT

POMMES DE TERRE FARCIES *printanières*

INGRÉDIENTS

4 grosses pommes de terre à purée avec peau

Gros sel de mer

POUR LA FARCE :

1 oignon

5 cl d'huile d'olive

250 g d'épinard

250 g de vert de blettes

40 g de tomates confites

12 très bonnes olives noires

¼ de citron confit

Parmesan râpé

Sel

Piment d'Espelette

Quantité : **4 personnes**

Préparation : **25 min**

Cuisson : **1 H**

1. Faites cuire les pommes de terre dans de l'eau avec du gros sel pendant 30 min environ. Vérifiez la cuisson avec la pointe d'un couteau.
2. Préchauffez votre four à 180 °C.
3. Hachez l'oignon et faites-le revenir 10 min à feu doux dans l'huile d'olive. Ajoutez les feuilles d'épinard et le vert de blettes coupé en chiffonnade. Assaisonnez, puis ajoutez les tomates confites. Laissez cuire une dizaine de minutes et ajoutez les olives et le citron confit.
4. Creusez les pommes de terre et mélangez la pulpe récoltée au mélange de légumes.
5. Garnissez les pommes de terre avec la farce.
6. Saupoudrez de parmesan et enfournez vos pommes de terre pour les gratiner.

FAITES-VOUS PLAISIR AVEC LA FARCE ET UTILISEZ LES LÉGUMES DE SAISON QUE VOUS AIMEZ.

ACCOMPAGNEZ CES POMMES DE TERRE FARCIES D'UNE PORTION DE PROTÉINES POUR UN ÉQUILIBRE PARFAIT : ŒUFS, SAUMON, THON OU UN MÉLANGE DE LÉGUMINEUSES ET DE CÉRÉALES.

PLAT

RIZ CROUSTILLANT AU CURRY ET *légumes*

INGRÉDIENTS

250 g de riz basmati

4 oignons nouveaux

100 g de chou chinois

1 branche de céleri

12 radis

5 cl d'huile d'olive

1 cm de gingembre frais

4 gousses d'ail

1 c. à s. de curry en poudre ou en pâte

1 bâton de citronnelle

5 cl d'huile de sésame grillé

Le jus de **1** citron vert

½ botte de coriandre

Sel

Piment d'Espelette

Quantité : **4 personnes**

Préparation : **20 min**

Cuisson : **25 min**

1. Rincez le riz plusieurs fois pour enlever un maximum d'amidon. Faites-le cuire selon les indications du paquet et rincez-le à l'eau froide pour le refroidir.
2. Découpez tous les légumes finement.
3. Dans une poêle, faites chauffez l'huile avec le gingembre et l'ail hachés, le curry et la citronnelle concassée. Faites sauter les légumes 1 min et débarrassez-les.
4. Faites sauter le riz dans l'huile pour le colorer et le rendre croustillant.
5. Ajoutez les légumes.
6. Terminez en ajoutant un trait d'huile de sésame grillé, le jus de citron vert et de la coriandre hachée.

FAITES-VOUS PLAISIR EN UTILISANT LES LÉGUMES DE SAISON QUE VOUS AIMEZ.

VOUS POUVEZ AUSSI AJOUTER DES ŒUFS CUITS EN OMELETTE ET COUPÉS EN PETITS CUBES OU BIEN UNE SAUCISSE THAÏE À LA CITRONNELLE COUPÉE EN FINES TRANCHES.

PLAT

ORECCHIETTE AU *chou-fleur*

INGRÉDIENTS

- **350 g** d'orecchiette
- **Gros sel de mer**
- **300 g** de chou-fleur
- **10 cl** d'huile d'olive
- **4** petits oignons nouveaux
- **1 c. à s.** de coriandre en grains
- **4** gousses d'ail
- **20 g** de gingembre en poudre
- **1 c. à s.** de sauce soja
- Le jus de **1** citron vert
- **10 cl** de crème fraîche liquide
- **Sel**
- **Piment d'Espelette**

Quantité : **4 personnes**

Préparation : **15 min**

Cuisson : **20 min**

1. Faites bouillir de l'eau avec du gros sel pour les orecchiette.
2. Découpez le chou-fleur en morceaux de 2 cm.
3. Faites chauffer dans une poêle l'huile d'olive et ajoutez le chou-fleur en fleurettes et les oignons nouveaux coupés en deux. Faites-les colorer à feu vif.
4. Assaisonnez et ajoutez les grains de coriandre concassés, l'ail coupé en fines lamelles et le gingembre haché. Déglacez avec la sauce soja et le jus de citron vert.
5. Faites cuire vos orecchiette selon les indications du paquet et gardez un peu d'eau de cuisson.
6. Mettez vos pâtes cuites dans la poêle avec le chou-fleur et ajoutez la crème fraîche liquide et un peu d'eau de cuisson des pâtes.

UNE RECETTE QUI BOOSTE VOTRE SYSTÈME IMMUNITAIRE GRÂCE AU CHOU-FLEUR ET À SA RICHESSE EN VITAMINES A, K, FER ET CALCIUM ; ET AU GINGEMBRE, TRÈS ANTIOXYDANT ET ANTI-INFLAMMATOIRE !

PLAT

Osso buco, ORANGES ET CAROTTES NOUVELLES

INGRÉDIENTS

4 tranches d'osso buco de veau (tranches de jarret)

5 cl d'huile d'olive

8 oignons nouveaux

1 c. à s. de coriandre en grains

800 g de carottes nouvelles

200 g de pommes de terre nouvelles

4 gousses d'ail

10 cl de bouillon de volaille

4 oranges sanguines bio

¼ de botte de coriandre fraîche

Sel

Piment d'Espelette

Quantité : **4 personnes**

Préparation : **20 min**

Cuisson : **1 H**

1. Salez les tranches d'osso buco.
2. Colorez-les à l'huile d'olive dans une cocotte pendant une dizaine de minutes à feu moyen.
3. Ajoutez les oignons nouveaux et les grains de coriandre concassés.
4. Laissez mijoter 5 min de plus.
5. Ajoutez les carottes, les pommes de terre nouvelles et l'ail en gousses. Versez le bouillon, les écorces de 2 oranges et le jus des 4 oranges.
6. Assaisonnez et laissez cuire à couvert pendant 1 h.
7. Au moment de servir, parsemez d'un peu de coriandre hachée.

POUR UNE VERSION VÉGÉTARIENNE, REMPLACEZ LE VEAU PAR DES HARICOTS BLANCS, CE QUI PERMETTRA ÉGALEMENT DE DIMINUER L'INDEX GLYCÉMIQUE DU PLAT.

PLAT

PETITS POIS À LA *française*

INGRÉDIENTS

500 g de petits pois frais ou surgelés

4 oignons nouveaux

1 carotte nouvelle

6 feuilles de laitue

5 cl d'huile d'olive

100 g de lardons fumés

2 gousses d'ail

1 branche de thym

2 navets nouveaux

Sel

Poivre du moulin

Quantité : **4 personnes**

Préparation : **20 min**

Cuisson : **30 min**

1. Lavez et épluchez les légumes.
2. Coupez les oignons nouveaux en quatre et la carotte en fines rondelles.
3. Taillez les feuilles de laitue en lanières.
4. Faites revenir à feu doux les oignons à l'huile d'olive pendant 5 min.
5. Ajoutez les lardons, les rondelles de carottes, la laitue, l'ail, le thym et les navets nouveaux. Faites revenir 5 min à feu moyen.
6. Ajoutez les petits pois et de l'eau à hauteur. Salez, et laissez mijoter 10 min à feu doux à couvert.
7. Ajoutez un tour de poivre du moulin et dégustez aussitôt.

ACCOMPAGNEZ DE RIZ ROUGE, COMPLET OU QUINOA POUR EN FAIRE UN PLAT ENCORE PLUS COMPLET, ET PARSEMEZ D'HERBES AROMATIQUES COMME LE ROMARIN, LA SAUGE OU L'ORIGAN FRAIS.

LES FRAMBOISES APPORTENT PEU DE CALORIES, MAIS DE NOMBREUX ANTIOXYDANTS UTILES POUR LA PRÉVENTION DES MALADIES CARDIO-VASCULAIRES ET DES CANCERS.

DESSERT

Riz au lait
À LA FRAMBOISE, HUILE D'OLIVE

INGRÉDIENTS

POUR LE RIZ AU LAIT :

1 l de lait

Le zeste de **1** citron et de **1** orange

170 g de riz rond

80 g de sucre cassonade

Sel

POUR LA GARNITURE :

1 barquette de framboises

Quelques gouttes d'huile d'olive

Quelques feuilles de verveine

Quantité : **4 personnes**
Préparation : **15 min**
Cuisson : **45 min**

1. Chauffez le lait avec les zestes d'agrumes dans une casserole.
2. À ébullition, ajoutez le riz et laissez cuire sur feu doux en remuant régulièrement. Mettez un couvercle pour que le lait ne s'évapore pas trop.
3. Au bout de 30 min, ajoutez le sucre et la pincée de sel et poursuivez la cuisson pendant 15 min.
4. Vérifiez la cuisson du riz au lait et faites-le refroidir.
5. Au moment de servir, ajoutez les framboises et arrosez de quelques gouttes d'huile d'olive. Décorez avec des feuilles de verveine.

LA FRAISE CONTIENT NATURELLEMENT PEU DE SUCRE, ET PERMET DONC DE NE PAS TROP ÉLEVER LE TAUX DE SUCRE DANS LE SANG. ELLE RENFERME AUSSI DE NOMBREUX ANTIOXYDANTS ET EST UNE BONNE SOURCE DE VITAMINE C !

DESSERT

Nage DE FRAISES, MENTHE ET POIVRE

INGRÉDIENTS

600 g de fraises

8 feuilles de menthe

20 g de sucre cassonade

Poivre du moulin

Le zeste de **1** citron

Huile d'olive

100 g de fromage blanc

Quantité : **4 personnes**

Préparation : **10 min**

1. Lavez vos fraises et égouttez-les.
2. Prenez 2/3 des fraises et coupez-les en morceaux. Ajoutez les feuilles de menthe, le sucre, un tour de poivre du moulin, le zeste de citron et un filet d'huile d'olive. Mixez le tout pour obtenir un coulis.
3. Coupez le reste des fraises en morceaux et ajoutez-les au coulis de fraises. Laissez mariner la nage 2 h au réfrigérateur.
4. Servez la nage dans des petits bols et ajoutez un peu de fromage blanc en surface.
5. Ajoutez un zeste de citron, de la menthe ciselée et un tour de poivre du moulin.

LA RHUBARBE EST UNE TRÈS BONNE SOURCE DE FIBRES, INTÉRESSANTES POUR DIMINUER L'ABSORPTION INTESTINALE DES SUCRES.

DESSERT

COMPOTÉE FRAISE RHUBARBE À LA VERVEINE, *granité*

INGRÉDIENTS

1 kg de rhubarbe

1 pincée de sel

100 g de sucre cassonade

200 g de fraises

½ botte de verveine

Quantité : **4 personnes**

Préparation : **15 min**

Cuisson : **10 min**

1. Épluchez et découpez la rhubarbe en morceaux de 3 cm.
2. Salez très légèrement les morceaux et faites dégorger pendant 2 h.
3. Rincez la rhubarbe, mettez-la avec le sucre dans une casserole. Faites cuire à feu moyen.
4. Quand elle est cuite, stoppez la cuisson de la rhubarbe et ajoutez les fraises avec 2 branches de verveine dans la casserole. Couvrez pour faire infuser la préparation.
5. Récupérez le jus de cuisson et congelez-le pour en faire un granité.
6. Au moment de servir, mettez la compotée de fraise rhubarbe et verveine dans des assiettes et ajoutez le granité. Décorez avec des feuilles de verveine.

POUR UNE RECETTE ENCORE PLUS SAINE, RÂPEZ UN PEU DE GINGEMBRE SUR VOTRE SALADE AU DERNIER MOMENT. VOUS POUVEZ AUSSI CUIRE VOS BLANCS EN NEIGE AU FOUR. POUR CELA, METTEZ-LES DANS UN PLAT SUR UNE ÉPAISSEUR DE 6 CM ET ENFOURNEZ À 70 °C PENDANT UNE VINGTAINE DE MINUTES.

DESSERT

ILE FLOTTANTE À LA VERVEINE ET *fruits rouges*

INGRÉDIENTS

POUR LA CRÈME ANGLAISE À LA VERVEINE :

½ l de lait

30 feuilles de verveine

30 g de sucre cassonade

4 jaunes d'œufs

POUR LA MERINGUE :

4 blancs d'œufs

60 g de sucre

1 pincée de sel

POUR LA GARNITURE :

150 g de fruits rouges : fraises, framboises, myrtilles

Quelques feuilles de verveine

Quantité : **4 personnes**

Préparation : **10 min**

Cuisson : **10 min**

1. Commencez par la crème anglaise en chauffant le lait avec la verveine et le sucre.
2. Ajoutez les jaunes d'œufs et laissez cuire à feu doux en fouettant pour obtenir une crème anglaise. Laissez refroidir la crème anglaise avec les feuilles de verveine. Mixez la crème avec les feuilles ou passez-la au chinois.
3. Montez les blancs en neige bien ferme avec le sucre et la pincée de sel. Mettez-les dans des petits bols légèrement huilés. Faites cuire les blancs en neige un par un au four à micro-ondes pendant 15 à 20 s. à puissance maximale.
4. Laissez refroidir les blancs en neige et posez-les sur la crème anglaise à la verveine.
5. Décorez avec un mélange de fruits rouges et des feuilles de verveine.

RECETTES
d'été

UNE RECETTE RICHE EN CHLOROPHYLLE, UN PIGMENT VÉGÉTAL AUX VERTUS DÉTOXIFIANTES, GRÂCE AUX LÉGUMES VERTS QU'ELLE CONTIENT.

ENTRÉE

GASPACHO *vert*

INGRÉDIENTS

1 concombre

4 oignons nouveaux

1 poivron vert

4 gousses d'ail

5 cl de vinaigre de cidre

2 tomates vertes Green Zebra

2 c. à s. de chapelure de pain

½ botte de basilic

Sel

Piment d'Espelette

Quantité : **4 personnes**

Préparation : **10 min**

1. Épluchez le concombre et coupez-le en dés.
2. Dans un saladier, mettez les dés de concombre avec les oignons coupés en petits morceaux, le poivron coupé en dés, l'ail haché, le vinaigre, les tomates coupées en quartiers et l'assaisonnement.
3. Ajoutez la chapelure de pain et mélangez comme une salade.
4. Laissez mariner quelques heures au réfrigérateur.
5. Mixez le tout avec le basilic dans un blender. Goûtez et ajustez l'assaisonnement si besoin. Passez au chinois si nécessaire.
6. Servez aussitôt.

POUR UNE SALADE ENCORE PLUS SAINE, ET POUR BOOSTER L'EFFET ANTIOXYDANT PRÉSENT GRÂCE AUX LÉGUMES CRUS ET AU SUMAC, VOUS POUVEZ AJOUTER DES GRAINES DE GRENADE.

ENTRÉE

SALADE *Fattouche*

INGRÉDIENTS

2 pains pita
2 c. à s. de sumac
½ botte de persil plat
20 feuilles de menthe
300 g de tomates
2 petits concombres
1 citron jaune
5 cl d'huile de colza
1 laitue croquante
1 oignon rouge
Sel

Quantité : **4 personnes**
Préparation : **10 min**
Cuisson : **15 min**

1. Saupoudrez chaque pain pita de sumac et faites-les griller au four pour les colorer et les sécher. À la sortie du four, cassez-les en gros morceaux.
2. Coupez finement le persil plat et la menthe. Coupez les tomates en dés de 2 cm.
3. Épluchez les concombres et coupez-les en deux, puis retirez les pépins. Découpez-les en morceaux de 1,5 cm.
4. Mélangez dans un saladier le jus de citron avec du sel, l'huile de colza et 1 c. à s. de sumac. Ajoutez la laitue coupée en chiffonnade de 2 cm, les dés de tomates, le concombre et l'oignon finement émincé. Mélangez et goûtez.
5. Ajoutez les morceaux de pain pita au sumac sur la salade.
6. Servez aussitôt ou laissez macérer la salade 30 min avant de la déguster.

UNE SALADE ANTIOXYDANTE ET VITAMINÉE GRÂCE AU MÉLANGE DES LÉGUMES ET DES FRUITS DE SAISON !

ENTRÉE

Salade
DE FRUITS ET LÉGUMES D'ÉTÉ, PESTO DE ROQUETTE

INGRÉDIENTS

2 pêches

2 tomates de plein champ

200 g de pastèque

½ concombre

1 oignon rouge

1 branche de basilic

5 cl de vinaigre de vin rouge

5 cl d'huile de colza

Sel

Piment d'Espelette

POUR LE PESTO DE ROQUETTE :

50 g de roquette

30 g de parmesan

5 cl d'huile d'olive

1 pincée de piment d'Espelette

Quantité : **4 personnes**

Préparation : **20 min**

1. Épluchez les pêches et coupez-les en dés.
2. Coupez les tomates et la pastèque en dés de 2 cm. Coupez le demi concombre en fines lamelles.
3. Mélangez les fruits et les légumes et ajoutez l'oignon rouge émincé. Ajoutez le basilic, le vinaigre et l'huile de colza. Assaisonnez.
4. Préparez le pesto en mixant la roquette avec le parmesan, l'huile d'olive et le piment d'Espelette.
5. Mettez le pesto de roquette sur la salade au moment de servir et ajoutez un peu de roquette entière pour décorer.

EN PLUS D'APPORTER DU GOÛT À VOTRE PLAT, LES HERBES FRAÎCHES SONT PLEINES DE BIENFAITS POUR LA SANTÉ : LE BASILIC EST BON POUR LA DIGESTION, LE PERSIL EST DÉSACIDIFIANT...

ENTRÉE

Tartare
DE LÉGUMES CROQUANTS AUX HERBES MARAÎCHÈRES

INGRÉDIENTS

- **100 g** de haricots verts
- **2** tomates de plein champ
- ½ concombre
- ½ poivron rouge
- **2 c. à s.** d'olives noires hachées
- **20** feuilles de basilic
- **1** branche de persil plat
- **1** gousse d'ail
- **5 cl** d'huile de colza
- **2 c. à s.** de vinaigre de vin rouge
- **Sel**
- **Piment d'Espelette**

Quantité : **4 personnes**

Préparation : **10 min**

1. Équeutez les haricots verts et faites-les cuire à l'eau bouillante salée pendant 5 min. Égouttez, refroidissez et coupez-les en tronçons de 1 cm.
2. Taillez les tomates en dés de 1 cm.
3. Épluchez et coupez le concombre et le poivron en deux, puis retirez les pépins. Coupez-les en dés de 1 cm.
4. Dans un saladier, mélangez les légumes et ajoutez les olives noires, le basilic et le persil plat ciselés, l'ail haché, l'huile de colza et le vinaigre. Assaisonnez.
5. Mettez le mélange tartare dans des petits cercles en tassant et décorez avec des feuilles de basilic ciselées.

PLAT

RATATOUILLE DE *Nice*

INGRÉDIENTS

- **300 g** d'oignons
- **5 cl** d'huile d'olive
- **1** branche de thym
- **1** branche de romarin
- **1** poivron rouge
- **1** aubergine
- **300 g** de courgettes
- **300 g** de tomates
- **4** gousses d'ail
- **Sel**
- **Piment d'Espelette**

Quantité : **4 personnes**

Préparation : **20 min**

Cuisson : **1 H**

1. Coupez les oignons en dés de 2 cm.
2. Faites suer les oignons dans l'huile d'olive avec le thym et le romarin pendant une dizaine de minutes.
3. Ajoutez le poivron coupé en dés de 2 cm et faites cuire 5 min de plus. Assaisonnez.
4. Ajoutez l'aubergine coupée en dés de 2 cm et laissez mijoter une dizaine de minutes.
5. Ajoutez les courgettes et les tomates coupées en dés de 2 cm et l'ail haché. Vérifiez l'assaisonnement et laissez mijoter 20 min de plus à feu moyen.

ACCOMPAGNEZ CETTE RATATOUILLE AVEC DU RIZ COMPLET, ET POCHEZ-Y 4 ŒUFS POUR UN PLAT ÉQUILIBRÉ.

PLAT

PÂTES FURIEUSES À LA *tomate*

INGRÉDIENTS

350 g de penne complètes

Gros sel de mer

100 g de parmesan râpé

½ botte de basilic

POUR LES TOMATES RÔTIES :

1 kg de tomates de plein champ

5 cl d'huile d'olive

10 gousses d'ail

1 branche de thym

1 branche de romarin

1 branche de sauge

Sel

Poivre

Quantité : **4 personnes**

Préparation : **15 min**

Cuisson : **40 min**

1. Préchauffez votre four à 220 °C.
2. Découpez les tomates en gros dés et mettez-les dans un plat à gratin avec l'huile d'olive, les gousses d'ail en chemise, le thym, le romarin et la sauge.
3. Assaisonnez et enfournez 20 à 30 min pour rôtir les tomates.
4. Faites cuire les penne dans de l'eau bouillante salée selon les indications du paquet.
5. Quand elles sont cuites, égouttez vos pâtes en réservant un peu d'eau de cuisson.
6. Ajoutez aux pâtes les tomates rôties, le parmesan et le basilic ciselé. Mélangez et servez aussitôt.

ACCOMPAGNEZ CE PLAT COMPLET D'UNE BELLE SALADE DE ROQUETTE ET DE NOISETTES TORRÉFIÉES AVEC UNE VINAIGRETTE À L'HUILE DE NOISETTE.

PLAT

Parmentier
DE POMMES DE TERRE AUX TOMATES RÔTIES

INGRÉDIENTS

POUR LES TOMATES RÔTIES :

1 kg de tomates de plein champ

5 cl d'huile d'olive

10 gousses d'ail

1 branche de thym

1 branche de romarin

1 branche de sauge

Sel

Poivre

POUR L'ÉCRASÉ DE POMMES DE TERRE AU FENOUIL :

1 kg de pommes de terre

1 fenouil

20 cl de lait

5 cl d'huile d'olive

100 g d'emmental râpé

Quantité : **4 personnes**

Préparation : **25 min**

Cuisson : **1 H**

1. Préchauffez votre four à 220 °C.
2. Découpez les tomates en gros dés et mettez-les dans un plat à gratin avec l'huile d'olive, les gousses d'ail en chemise, le thym, le romarin et la sauge.
3. Assaisonnez et enfournez 20 à 30 min au four pour rôtir les tomates.
4. Épluchez vos pommes de terre. Découpez-les avec le fenouil en gros dés et faites-les cuire ensemble à l'eau bouillante salée environ 20 min. Vérifiez la cuisson avec la pointe d'un couteau puis égouttez.
5. Écrasez les pommes de terre et le fenouil grossièrement, puis ajoutez le lait chaud et l'huile d'olive.
6. Mettez les tomates rôties dans un plat à gratin et ajoutez par-dessus le mélange pommes de terre fenouil.
7. Lissez la surface et saupoudrez d'emmental râpé.
8. Gratinez au four 30 min à 180 °C.

ACCOMPAGNEZ CE PLAT D'UNE BELLE SALADE VERTE AVEC DES MORCEAUX DE POMMES ET DES GRAINES TORRÉFIÉES, ET D'UNE VINAIGRETTE À L'HUILE DE NOIX.

PLAT

BIRYANI *veggie*

INGRÉDIENTS

- **300 g** de riz basmati
- **1** oignon
- **5 cl** d'huile d'olive
- **4** gousses d'ail
- **30 g** de gingembre frais
- **6** capsules de cardamome
- **2** clous de girofle
- **1 c. à s.** de curcuma en poudre
- **1 g** de safran
- **1** poivron rouge
- **1** courgette
- **1** branche de céleri
- **1** l de bouillon de légumes
- **1** yaourt
- **1** citron jaune
- **½** botte de coriandre
- **Sel**

Quantité : **4 personnes**

Préparation : **20 min**

Cuisson : **40 min**

1. Trempez le riz basmati 1 à 2 h dans de l'eau froide.
2. Hachez l'oignon et faites-le revenir dans l'huile d'olive.
3. Ajoutez l'ail et le gingembre hachés, la cardamome concassée, les clous de girofle, le curcuma et le safran.
4. Ajoutez le poivron et la courgette coupés en dés puis le céleri émincé.
5. Recouvrez avec le riz basmati préalablement égoutté et faites revenir le tout 5 min.
6. Arrosez avec le bouillon.
7. Portez à ébullition et laissez cuire à couvert pendant une vingtaine de minutes.
8. Lorsque le biryani est cuit, ajoutez le yaourt mélangé au jus de citron.
9. Parsemez de coriandre et servez aussitôt

POUR UN MEILLEUR ÉQUILIBRE EN PROTÉINES VÉGÉTALES, AJOUTEZ DES POIS CHICHES À VOTRE RECETTE.

PLAT

PETITS FARCIS NIÇOIS AUX *céréales*

INGRÉDIENTS

4 petites courgettes rondes

4 petites tomates à farcir

50 g de parmesan râpé

POUR LA FARCE :

400 g de mélange de céréales

1 aubergine

2 oignons

8 gousses d'ail

2 branches de thym

1 poivron rouge

5 cl d'huile d'olive

1 botte de persil plat

Sel

Piment d'Espelette

Quantité : **4 personnes**

Préparation : **25 min**

Cuisson : **45 min**

1. Préchauffez votre four à 170 °C.
2. Faites cuire les céréales à l'eau bouillante salée selon les indications du paquet. Égouttez-les et réservez.
3. Creusez les courgettes et les tomates. Réservez les cœurs.
4. Coupez l'aubergine en petits dés.
5. Ciselez les oignons et faites-les revenir à feu moyen avec les gousses d'ail et les branches de thym. Ajoutez le poivron haché et faites revenir une dizaine de minutes.
6. Ajoutez les cœurs de courgettes et de tomates, les dés d'aubergine, puis les céréales.
7. Assaisonnez et ajoutez le persil plat ciselé.
8. Garnissez les légumes et saupoudrez de parmesan.
9. Enfournez 45 min à 170 °C.

POUR UNE RECETTE ENCORE PLUS SAINE, VOUS POUVEZ AJOUTER UN PEU DE CURCUMA ET DE GINGEMBRE FRAIS DANS VOTRE FARCE.

PLAT

Maquereaux
RÔTIS AUX LÉGUMES D'ÉTÉ

INGRÉDIENTS

POUR LES LÉGUMES RÔTIS :

4 oignons nouveaux

200 g de tomates de plein champ

1 petite aubergine

1 courgette

1 poivron rouge

1 fenouil

8 gousses d'ail

Herbes aromatiques de votre choix

5 cl d'huile d'olive

Sel

Piment d'Espelette

POUR LES MAQUEREAUX RÔTIS :

4 maquereaux vidés

1 branche de thym

1 branche de romarin

2 c. à s. de moutarde à l'ancienne

Quantité : **4 personnes**

Préparation : **25 min**

Cuisson : **45 min**

1. Préchauffez votre four à 200 °C.
2. Lavez tous les légumes et découpez-les en morceaux de 3 à 4 cm.
3. Mettez-les dans un plat à gratin avec les gousses d'ail en chemise, les herbes hachées, l'huile d'olive et l'assaisonnement.
4. Enfournez 30 min à 200 °C. Vérifiez la cuisson : les légumes doivent rester croquants.
5. Préparez les maquereaux en fourrant le ventre de thym et de romarin. Salez et badigeonnez-les de moutarde à l'ancienne.
6. Sortez les légumes rôtis du four et posez par-dessus les maquereaux salés. Enfournez à nouveau 10 à 15 min.

LE MAQUEREAU EST UN POISSON GRAS, PLEIN D'OMÉGA 3 INDISPENSABLES POUR LE CERVEAU ET LE SYSTÈME CARDIO-VASCULAIRE ! ACCOMPAGNEZ CETTE RECETTE DE CÉRÉALES COMPLÈTES POUR UN PLAT NOURRISSANT.

PLAT

Wok DE LÉGUMES AU BASILIC ET BOULGOUR

INGRÉDIENTS

- **200 g** de boulgour
- **10 cl** d'huile d'olive
- **4** gousses d'ail
- **1** branche de thym
- **2** cm de gingembre frais
- **1** oignon
- **1** poivron rouge
- **1** carotte
- **1** courgette
- **1** chou pak choï
- **2 c. à s.** de sauce soja
- **5 cl** d'huile de sésame grillé
- Le jus de **1** citron vert
- ½ botte de basilic
- **1 c. à s.** de graines de sésame grillé
- **Sel**

Quantité : **4 personnes**

Préparation : **15 min**

Cuisson : **10 min**

1. Commencez par cuire le boulgour dans de l'eau bouillante salée selon les indications du paquet.
2. Dans une poêle, chauffez l'huile d'olive avec l'ail entier, le thym et le gingembre pour parfumer l'huile.
3. Ajoutez l'oignon et le poivron émincés. Laissez cuire 2 min.
4. Ajoutez la carotte et la courgette coupées en lamelles, puis le chou coupé en petits morceaux. Laissez cuire 2 min.
5. Ajoutez la sauce soja, l'huile de sésame grillé et le jus de citron vert.
6. Au moment de servir, ajoutez le basilic ciselé et les graines de sésame grillé.

LE BOULGOUR EST UN BON ALIMENT RASSASIANT GRÂCE AUX FIBRES ET PROTÉINES QU'ILS CONTIENT. ASSOCIÉ AUX GRAINES DE SÉSAME, C'EST UN BON ÉQUILIBRE EN ACIDES AMINÉS ESSENTIELS !

PLAT

AUBERGINE FARCIE À LA *grecque*

INGRÉDIENTS

2 aubergines

2 oignons

5 cl d'huile d'olive

1 branche de thym

4 gousses d'ail

1 branche de romarin

1 c. à s. d'origan sec

1 poivron rouge

500 g de tomates concassées

100 g de feta

2 c. à s. de pignons de pin

2 c. à s. de chapelure de pain

Sel

Piment d'Espelette

Quantité : **4 personnes**

Préparation : **30 min**

Cuisson : **1 H**

1. Lavez et coupez les aubergines en deux dans le sens de la longueur et creusez-les en laissant 1 cm de chair. Découpez la chair d'aubergine retirée en dés de 1 cm.
2. Faites suer les oignons hachés avec l'huile d'olive, le thym, l'ail haché, le romarin et l'origan.
3. Ajoutez le poivron coupé en petits dés et faites revenir le tout une dizaine de minutes.
4. Ajoutez les dés d'aubergine et laissez mijoter une dizaine de minutes de plus. Assaisonnez.
5. Versez les tomates concassées et laissez mijoter une trentaine de minutes.
6. Préchauffez le four à 170 °C. Hors du feu, ajoutez la feta coupée en dés et les pignons de pin.
7. Garnissez les aubergines de ce mélange et saupoudrez le tout de chapelure de pain.
8. Enfournez le plat 40 min environ.

ACCOMPAGNEZ CE MENU DE LÉGUMINEUSES OU DE CÉRÉALES COMPLÈTES, OU AJOUTEZ DE LA VIANDE DANS VOTRE FARCE (VIANDE HACHÉE DE BŒUF, D'AGNEAU OU DE POULET) POUR AVOIR UN PLAT BIEN ÉQUILIBRÉ.

PLAT

Caponata
COMME EN SICILE

INGRÉDIENTS

300 g d'oignons

5 cl d'huile d'olive

1 branche de thym

1 branche de romarin

1 poivron rouge

1 aubergine

300 g de courgettes

300 g de tomates

2 gousses d'ail

Sel

Piment d'Espelette

POUR LE CONDIMENT :

5 cl de vinaigre de vin rouge

100 g de câpres au vinaigre

8 anchois au sel

1 branche de persil plat

Quantité : **4 personnes**

Préparation : **20 min**

Cuisson : **40 min**

1. Coupez les oignons en dés de 2 cm.
2. Faites-les suer à l'huile d'olive dans une cocotte avec le thym et le romarin pendant une dizaine de minutes.
3. Ajoutez le poivron coupé en dés de 2 cm et faites cuire 5 min de plus. Assaisonnez.
4. Ajoutez l'aubergine coupée en dés de 2 cm et faites cuire une dizaine de minutes de plus.
5. Ajoutez les courgettes coupées en cubes de 2 cm et faites cuire 3 min.
6. Terminez avec les tomates coupées en dés et l'ail haché.
7. Vérifiez l'assaisonnement et laissez mijoter 20 min à feu moyen. Laissez refroidir.
8. Placez la caponata dans un joli saladier et ajoutez le vinaigre de vin rouge, les câpres et les anchois. Mélangez et ajoutez du persil plat ciselé pour décorer.

POUR UN PLAT PLUS COMPLET, VOUS POUVEZ AJOUTER UN ŒUF POCHÉ POUR CHAQUE CONVIVE AINSI QU'UN MÉLANGE DE CÉRÉALES.

PLAT

GALETTES DE *courgettes*

INGRÉDIENTS

600 g de courgettes

1 oignon rouge

4 gousses d'ail

2 œufs

8 pétales de tomates confites

10 olives noires

10 feuilles de menthe

1 branche de persil plat

1 branche de thym

60 g de farine

10 cl d'huile d'olive

Sel

Poivre

Quantité : **4 personnes**

Préparation : **15 min**

Cuisson : **25 min**

1. Râpez les courgettes, salez-les légèrement et laissez-les dégorger pendant 1 h. Pressez pour enlever le maximum d'eau.
2. Râpez l'oignon et l'ail finement.
3. Placez dans un saladier les courgettes et ajoutez-y l'oignon et l'ail, les œufs battus, les tomates confites, les olives et les herbes hachées. Ajoutez la farine et assaisonnez.
4. Façonnez des galettes et faites-les cuire à l'huile d'olive dans une poêle 5 min sur chaque face à feu moyen.

SI VOTRE APPAREIL EST TROP LIQUIDE, VOUS POUVEZ AJOUTER UN PEU PLUS DE FARINE MAIS L'IMPORTANT EST DE BIEN PRESSER LES COURGETTES APRÈS LEUR DÉGORGEMENT.

ACCOMPAGNEZ VOS GALETTES DE COURGETTES D'UN TABOULÉ AVEC DU BOULGOUR OU DE LA SEMOULE COMPLÈTE, OU D'UN RISOTTO DE QUINOA.

PLAT

PÂTES DU *moulinier*

INGRÉDIENTS

350 g de pâtes sèches du type penne

1 gros oignon

2 gousses d'ail

5 cl d'huile d'olive

25 g de beurre

1 branche de thym

2 tomates

½ botte de basilic

1 l de bouillon de poule

80 g de parmesan râpé

Sel

Piment d'Espelette

Quantité : **4 personnes**

Préparation : **20 min**

Cuisson : **30 min**

1. Hachez l'oignon et l'ail et faites-les revenir à l'huile d'olive et au beurre dans une cocotte avec le thym pendant 5 min.
2. Ajoutez les pâtes et faites-les revenir doucement pendant 5 min.
3. Ajoutez les tomates coupées en petits dés et la moitié du basilic ciselé.
4. Laissez cuire une quinzaine de minutes en remuant de temps en temps et en ajoutant le bouillon progressivement. Assaisonnez.
5. Lorsque les pâtes sont cuites et le liquide de cuisson évaporé, ajoutez hors du feu le parmesan et le reste du basilic ciselé.

UTILISEZ DES PÂTES AU BLÉ COMPLET OU DES PÂTES AUX LÉGUMINEUSES POUR OBTENIR UN PLAT À PLUS FAIBLE INDEX GLYCÉMIQUE.

PLAT

TIAN DE LÉGUMES COMME EN *Provence*

INGRÉDIENTS

- **500 g** d'oignons
- **5 cl** d'huile d'olive
- **Thym**
- **3** gousses d'ail
- **1** aubergine
- **300 g** de courgettes
- **400 g** de tomates
- **Romarin**
- **80 g** de parmesan râpé
- **Sel**
- **Poivre**

Quantité : **4 personnes**

Préparation : **25 min**

Cuisson : **1 H 20 min**

1. Émincez les oignons et faites-les revenir doucement dans l'huile d'olive avec le thym et l'ail haché pendant une trentaine de minutes à feu moyen. Salez et poivrez en fin de cuisson.
2. Préchauffez votre four à 140 °C.
3. Coupez l'aubergine en deux et coupez-la en fines lamelles.
4. Faites sauter rapidement les lamelles d'aubergine dans une poêle à l'huile d'olive. Assaisonnez.
5. Faites la même opération avec les courgettes taillées en lamelles.
6. Coupez les tomates en deux et taillez-les en fines tranches.
7. Placez la fondue d'oignons dans un plat à gratin. Disposez par-dessus en rosace les aubergines, les courgettes et les tomates.
8. Assaisonnez, ajoutez du thym et du romarin et saupoudrez de parmesan râpé.
9. Enfournez pendant 45 min.

AJOUTEZ QUELQUES ANCHOIS SALÉS DANS LA FONDUE D'OIGNONS SI VOUS AIMEZ ÇA, POUR AVOIR UN TIAN DE LÉGUMES FAÇON PISSALADIÈRE !

ACCOMPAGNEZ CE TIAN D'UN MÉLANGE DE CÉRÉALES COMPLÈTES POUR AVOIR UN PLAT ÉQUILIBRÉ.

BOROMEO
Huile d'Olive
Olive Oil

PLAT

QUICHE DE COURGETTES À LA *menthe*

INGRÉDIENTS

POUR LA PÂTE :

90 g d'eau

1 pincée de sel

250 g de farine semi-complète

100 g de beurre

POUR LA GARNITURE :

1 kg de courgettes

5 cl d'huile d'olive

4 gousses d'ail

15 feuilles de menthe

2 œufs

20 cl de lait

Sel

Piment d'Espelette

Quantité : **4 personnes**

Préparation : **25 min**

Cuisson : **1 H**

1. Préparez la pâte en faisant fondre le sel dans l'eau. Sablez ensuite la farine avec le beurre. Ajoutez l'eau salée et formez une boule sans trop travailler la pâte. Laissez reposer la pâte une dizaine de minutes au réfrigérateur.
2. Lavez et découpez les courgettes en lamelles de 5 mm d'épaisseur.
3. Faites-les sauter à l'huile d'olive. Salez et, en fin de cuisson, ajoutez l'ail haché et la menthe ciselée. Laissez refroidir.
4. Préchauffez votre four à 170 °C.
5. Étalez la pâte au rouleau et foncez un moule à tarte. Ajoutez les courgettes.
6. Mélangez les œufs avec le lait et assaisonnez.
7. Versez le tout sur les courgettes et mettez au four pendant 50 à 60 min à 170 °C.

LA COURGETTE EST TRÈS PEU CALORIQUE, RICHE EN POTASSIUM BON POUR LE CŒUR, ET EN FIBRES BONNES POUR LE TRANSIT.

PLAT

Courgettes GRILLÉES À L'ITALIENNE, COUSCOUS

INGRÉDIENTS

1 kg de courgettes

5 cl d'huile d'olive

4 gousses d'ail

20 feuilles de menthe

5 cl de vinaigre de cidre

Sel

Piment d'Espelette

POUR LE COUSCOUS :

250 g de semoule de blé moyen

5 cl d'huile d'olive

½ c. **à c.** de curcuma en poudre

Sel

Quantité : **4 personnes**

Préparation : **20 min**

Cuisson : **20 min**

1. Lavez et découpez les courgettes en fines lamelles.
2. Dans une poêle, colorez à feu vif les lamelles de courgettes à l'huile d'olive sur les deux faces. Assaisonnez légèrement.
3. Faites ensuite mariner les courgettes dans un cul-de-poule avec l'ail haché, la menthe ciselée et le vinaigre de cidre quelques heures au réfrigérateur.
4. Mettez la semoule dans un saladier avec l'huile d'olive et le curcuma.
5. Versez de l'eau bouillante salée 2 cm au-dessus du niveau de la semoule. Recouvrez d'un torchon et laissez reposer 5 min. Repassez 1 min au four à micro-ondes et égrenez la semoule.
6. Servez la semoule chaude avec les courgettes marinées froides.

POUR UNE RECETTE ENCORE PLUS RICHE EN FIBRES, UTILISEZ DE LA SEMOULE COMPLÈTE OU DU BOULGOUR, ET SAUPOUDREZ DE GRAINES DE COURGES.

PLAT

Cannelloni
FARCIS AUX LÉGUMES D'ÉTÉ

INGRÉDIENTS

300 g de cannelloni
200 g d'oignon
5 cl d'huile d'olive
1 branche de thym
1 branche de romarin
1 poivron rouge
1 branche de céleri
1 aubergine
1 fenouil
200 g de courgettes
200 g de tomates
4 gousses d'ail
Sel
Piment d'Espelette

POUR LE GRATIN :

20 cl de coulis de tomate
100 g d'emmental râpé

Quantité : **4 personnes**
Préparation : **30 min**
Cuisson : **1 H 10 min**

1. Coupez les oignons en dés de 1 cm. Faites-les suer à l'huile d'olive avec le thym et le romarin pendant une dizaine de minutes.
2. Ajoutez le poivron coupé en petits dés et le céleri émincé, et faites cuire 5 min de plus. Assaisonnez. Ajoutez l'aubergine et le fenouil coupés en dés et faites cuire une dizaine de minutes de plus.
3. Ajoutez les courgettes et les tomates coupées en dés et l'ail haché.
4. Vérifiez l'assaisonnement et laissez mijoter 20 à 30 min à feu moyen.
5. Préchauffez votre four à 180 °C.
6. Faites refroidir la compotée de légumes et garnissez les cannelloni.
7. Mettez les cannelloni dans un plat, recouvrez-les de coulis de tomate et d'emmental râpé. Enfournez une trentaine de minutes.

ACCOMPAGNEZ CES CANNELLONI D'UNE BELLE SALADE VERTE AVEC UNE VINAIGRETTE À L'HUILE D'OLIVE ET CITRON, ET PARSEMEZ DE GRAINES ET FRUITS OLÉAGINEUX (GRAINES DE SÉSAME, DE TOURNESOL, NOIX...) POUR BAISSER L'INDEX GLYCÉMIQUE DE VOTRE PLAT.

PLAT

Lieu, VIERGE DE TOMATES, TOMATES RÔTIES

INGRÉDIENTS

4 pavés de lieu jaune ou noir avec peau

1 citron jaune

Sel

Piment d'Espelette

POUR LES TOMATES RÔTIES :

1,2 kg de tomates de plein champs de différentes variétés

2 cl d'huile d'olive

10 gousses d'ail

1 branche de thym

1 branche de romarin

1 branche de sauge

Sel

Poivre

POUR LA SAUCE VIERGE DE TOMATES :

200 g de tomates

1 citron

12 feuilles de basilic

Gingembre frais

3 cl d'huile de colza

Quantité : **4 personnes**

Préparation : **25 min**

Cuisson : **40 min**

1. Préchauffez votre four à 220 °C .
2. Coupez les tomates en gros dés et mettez-les dans un plat à gratin avec l'huile d'olive, les gousses d'ail en chemise, le thym, le romarin et la sauge. Assaisonnez et enfournez 20 à 30 min pour rôtir les tomates.
3. Salez les pavés de lieu sur les deux faces. Posez-les sur les tomates rôties, le côté peau sur le dessus, et ajoutez une fine tranche de citron. Enfournez et faites cuire une dizaine de minutes.
4. Préparez la sauce vierge en mélangeant les tomates et le citron coupés en petits dés, le basilic ciselé, le gingembre râpé et l'huile de colza. Assaisonnez.
5. Servez le plat sorti du four avec la vierge de tomates à part.

ACCOMPAGNEZ CE PLAT SIMPLE D'UN RIZ BASMATI COMPLET.

PLAT

GRATIN DE FENOUIL RÔTI AUX *aromates*

INGRÉDIENTS

4 fenouils

Gros sel de mer

POUR LE GRATIN :

1 oignon

5 cl d'huile d'olive

2 branches de thym

4 gousses d'ail

1 c. à s. de graines de fenouil

500 g de tomates concassées

100 g d'emmental râpé

Sel

Piment d'Espelette

Quantité : **4 personnes**

Préparation : **25 min**

Cuisson : **45 min**

1. Coupez les fenouils en deux et faites-les cuire à l'eau bouillante salée pendant une vingtaine de minutes. Vérifiez la cuisson avec la pointe d'un couteau et égouttez-les.
2. Préchauffez votre four à 180 °C.
3. Hachez l'oignon et faites-le revenir à l'huile d'olive avec les branches de thym. Ajoutez l'ail haché et les graines de fenouil, et laissez mijoter une dizaine de minutes à feu doux. Assaisonnez. Ajoutez les tomates concassées et laissez mijoter 5 min de plus.
4. Mettez les fenouils dans un plat à gratin.
5. Versez la sauce tomate par-dessus et saupoudrez d'emmental râpé.
6. Gratinez au four 20 à 25 min à 180 °C.

ACCOMPAGNEZ CE GRATIN D'UNE PORTION DE LÉGUMINEUSES OU DE CÉRÉALES, OU D'UNE PROTÉINE ANIMALE (POISSON, VIANDE BLANCHE...).

POUR PLUS DE GOURMANDISE, AJOUTEZ À VOTRE SALADE UN MÉLANGE DE GRAINES GRILLÉES.

PLAT

COMPOTÉE DE VEAU À LA *basquaise*

INGRÉDIENTS

- **600 g** de sauté de veau
- **5 cl** d'huile d'olive
- **2** oignons
- **1** branche de thym
- **1** branche de laurier
- **2** poivrons rouges
- **4** gousses d'ail
- **1** verre de vin blanc sec
- **1 kg** de tomates
- **Sel**
- **Piment d'Espelette**

Quantité : **4 personnes**

Préparation : **20 min**

Cuisson : **1 H**

1. Coupez en dés les morceaux de veau et salez-les.
2. Colorez les morceaux de veau à l'huile d'olive dans une cocotte.
3. Ajoutez les oignons émincés avec le thym et le laurier et faites revenir une dizaine de minutes de plus à feu moyen.
4. Ajoutez les poivrons émincés et l'ail haché, et faites-les mijoter 10 min de plus.
5. Déglacez au vin blanc et laissez réduire.
6. Ajoutez les tomates coupées en dés de 2 cm. Assaisonnez.
7. Laissez mijoter 45 min à couvert sur feu doux.

LA TOMATE CONTIENT DU LYCOPÈNE, UN PUISSANT ANTIOXYDANT QUI AIDE À RÉDUIRE L'APPARITION DE CERTAINS CANCERS. POUR UN PLAT COMPLET, AJOUTEZ UNE PORTION DE CÉRÉALES OU DE LÉGUMINEUSES.

LE MELON EST GORGÉ DE VITAMINES A, B ET C. IL AIDE ÉGALEMENT À LUTTER CONTRE LE VIEILLISSEMENT DES CELLULES GRÂCE À SA TENEUR EN ANTIOXYDANTS.

DESSERT

SOUPE DE MELON À LA *menthe*

INGRÉDIENTS

1 gros melon

1 cm de gingembre frais

3 cl d'huile d'olive

2 branches de menthe

Quantité :
4 personnes

Préparation :
10 min

1. Coupez le melon, retirez la peau et les pépins. Coupez-le en petits morceaux et réservez-en quelques-uns.
2. Mettez dans un blender les morceaux, avec le gingembre, l'huile d'olive et quelques feuilles de menthe. Mixez fortement.
3. Versez le smoothie de melon dans des verres, sur les morceaux de melon.
4. Décorez avec un peu de menthe ciselée et servez aussitôt.

LA COULEUR ORANGÉE DE L'ABRICOT EST DUE AUX BÊTA-CAROTÈNES QU'IL CONTIENT, DES ANTIOXYDANTS QUI PERMETTENT DE LUTTER CONTRE LES RADICAUX LIBRES ET CERTAINES MALADIES.

DESSERT

Abricots

RÔTIS À LA PISTACHE ET AU ROMARIN

INGRÉDIENTS

POUR LA CRÈME DE PISTACHE :

45 g de beurre pommade

25 g de sucre de coco

50 g de pistache en poudre

1 œuf

1 c. à s. de marsala à l'amande (facultatif)

POUR LES ABRICOTS RÔTIS :

600 g d'abricots mûrs

1 branche de romarin

3 cl d'huile d'olive

Quantité : **4 personnes**

Préparation : **10 min**

Cuisson : **5 min**

1. Préchauffez votre four en position gril à 180 °C.
2. Préparez la crème de pistache en fouettant le beurre pommade avec le sucre. Ajoutez la pistache en poudre et l'œuf. Ajoutez le marsala si vous aimez.
3. Ouvrez vos abricots en deux et mettez-les dans un plat à gratin côté peau en-dessous. Garnissez chaque demi-abricot de crème de pistache à l'aide d'une poche à douille.
4. Saupoudrez d'un peu de romarin haché et d'un filet d'huile d'olive.
5. Mettez votre plat au four une dizaine de minutes pour gratiner vos abricots.

LE SUCRE DE COCO EST NATUREL
ET NON RAFFINÉ, ET CONTIENT DES
MINÉRAUX TELS QUE LE MAGNÉSIUM, LE
POTASSIUM, LE ZINC...

CRUMBLE DE FRUITS D'ÉTÉ À LA *verveine*

INGRÉDIENTS

- **100 g** de pain sec
- **80 g** de beurre
- **60 g** de sucre de coco
- **100 g** de poudre d'amandes
- **2** nectarines
- **200 g** d'abricots
- **200 g** de prunes
- **12** feuilles de verveine

Quantité : **4 personnes**

Préparation : **10 min**

Cuisson : **35 min**

1. Préchauffez votre four à 180 °C.
2. Préparez le crumble de pain en réduisant en miettes le pain sec. Mélangez avec le beurre et le sucre, et malaxez bien pour obtenir une pâte homogène.
3. Versez la poudre d'amandes au fond d'un plat à gratin.
4. Posez dessus les fruits coupés en gros morceaux, sans les noyaux, et la verveine émincée.
5. Ajoutez le crumble de pain dessus et enfournez pour 35 min environ.

LA CRÈME ANGLAISE EST REMPLACÉE PAR UNE SOUPE DE FRUITS QUI VA DONNER PLUS DE LÉGÈRETÉ AU DESSERT. VOUS POUVEZ BIEN ÉVIDEMMENT UTILISER VOS FRUITS PRÉFÉRÉS POUR RÉALISER CETTE RECETTE.

DESSERT

ILE FLOTTANTE AUX FRUITS *d'été*

INGRÉDIENTS

POUR LA SOUPE DE FRUITS :

2 nectarines

200 g d'abricots

100 g de fraises

1 yaourt

1 c. à s. de miel

1 citron vert

5 feuilles de basilic

POUR LA MERINGUE :

4 blancs d'œufs

80 g de sucre

Quantité : **4 personnes**

Préparation : **15 min**

Cuisson : **1 min**

1. Épluchez, dénoyautez, coupez et mettez les fruits dans un blender avec le yaourt, le miel, le jus et le zeste du citron vert et le basilic. Mixez fortement pour obtenir un mélange très mousseux.
2. Montez les blancs en neige très ferme en y incorporant progressivement le sucre.
3. Placez les blancs en neige dans des petits bols huilés et faites cuire 10 à 20 secondes au four à micro-ondes à puissance maximale.
4. Dressez le smoothie dans des petites assiettes creuses et posez dessus les îles flottantes.
5. Décorez avec des petites feuilles de basilic et servez aussitôt.

Annexes

Table des matières

Index des recettes

Index des produits

Remerciement à mes parents qui m'ont donné le goût de la cuisine
et m'ont fait comprendre la chance que j'avais de vivre dans l'un des pays
les plus gastronomiques au monde.

Michel Cymes

Merci à Aline Roque, pour sa vision de la cuisine légère et responsable avant l'heure.

Damien Duquesne

Directrice
Aurore Charoy

Éditrice
Élise Labry

Conception graphique
Le Bureau des Affaires Graphiques

Photographies
Zoé & Blaise
Rina Nurra (portraits)

Imprimé en U.E par Leporello.

ISBN : 978-2-38184-011-6
Dépôt légal 4e trimestre 2020

2 rue Paul Vaillant Couturier
92532 Levallois-Perret Cedex